AF341538

M. TROPLONG

SON ŒUVRE ET SA MÉTHODE

PAR

EDMOND DUFOUR

AVOCAT A LA COUR IMPÉRIALE DE PARIS
CHEVALIER DE LA LÉGION D'HONNEUR

PARIS

AMYOT, LIBRAIRE-ÉDITEUR

8, RUE DE LA PAIX, 8

MDCCCLXIX

M. TROPLONG

SON ŒUVRE ET SA MÉTHODE

M. TROPLONG

SON ŒUVRE ET SA MÉTHODE

PAR

EDMOND DUFOUR

AVOCAT A LA COUR IMPÉRIALE DE PARIS
CHEVALIER DE LA LÉGION D'HONNEUR

—

PARIS

AMYOT, LIBRAIRE-ÉDITEUR

8, RUE DE LA PAIX, 8

—

MDCCCLXIX

M. TROPLONG

SON ŒUVRE ET SA MÉTHODE

Après l'étude de la science, et même à côté d'elle, je ne sais rien de plus attachant que le commerce des maîtres qui l'ont fécondée, agrandie, illustrée par leurs travaux. La science pure et ses problèmes, cela est beau sans doute, mais d'une beauté sévère et abstraite ; c'est l'éternelle question du vrai, avec ses obscurités et ses doutes. L'œuvre d'un maître, c'est la vie ; c'est l'effort d'un grand et vigoureux esprit aux prises avec les difficultés de son sujet ; c'est le spectacle animé des systèmes et des doctrines, de l'accueil qu'ils reçoivent, des résistances qu'ils rencontrent, de la puissance qu'ils déploient et des secousses qu'ils communiquent à la marche de l'esprit humain.

Ce spectacle plein d'attrait, et aussi d'enseignements, je viens de le contempler et d'en jouir en repassant, dans leur ensemble et leur continuité, les travaux considérables que M. Troplong a consacrés à la science du Droit ; et, après y avoir pris moi-même un vif et réel plaisir, je cède facilement au désir de le prolonger en communiquant à d'autres les impressions que j'en ai recueillies.

Quel a été, parmi nous, le rôle de M. Troplong comme jurisconsulte ; quel est le caractère de ses travaux et de ses doctrines ; quelles vues ont préoccupé son esprit ; quelle méthode a dirigé ses pas ; quels obstacles il a trouvés sur sa route, quelles luttes il a soutenues, quel but il a atteint, quelle influence il a exercée : voilà ce que je voudrais examiner, pièces en main, en toute sincérité et liberté, et en même temps, je ne m'en cache pas, avec toute la déférence due à un grand talent et (puisque la mort permet de tout dire) avec un sentiment d'admiration déjà ancien, mais singulièrement ravivé chez moi par la lecture suivie à laquelle je viens de me livrer.

CHAPITRE PREMIER

Indications biographiques. — Entrée de M. Troplong dans la
magistrature. — Long et obscur noviciat. — Ses hautes
études. — Son opinion sur la science. — La *Thémis*. — Du
Droit Romain et des différentes manières de l'étudier. —
M. Troplong remonte aux sources. — Droit féodal. — Son
origine. — Opinion de M. Troplong sur ce droit et son utilité. — Études philosophiques : le Christianisme. — Études
historiques : la nouvelle École. — Études littéraires : antiquité ; Cicéron ; comparaison. — Vico.

La biographie des trente premières années de
M. Troplong tiendrait en dix lignes. Né à Saint-
Gaudens (Haute-Garonne) le 8 octobre 1795, il
entre dans la magistrature en 1819, comme substitut du tribunal d'Alençon. De là il va en Corse,
d'abord à Sartène, comme procureur du Roi, puis
à Bastia, en qualité de substitut du procureur général et bientôt d'avocat général à la Cour royale.
Enfin, il est nommé avocat général à la Cour de
Nancy (1829), dans laquelle il prend bientôt rang
de conseiller.

C'est encore à Nancy que nous le trouvons, en

1833, comme président de chambre, à la veille de
la célébrité. On voit que rien d'extraordinaire
n'avait, jusque-là, signalé sa carrière. Parti du
plus humble degré de la magistrature, il avait
gravi pas à pas les échelons de l'avancement hié-
rarchique. Beaucoup d'autres, qu'il devait distan-
cer à son tour, l'avaient probablement laissé sur la
route où il cheminait modestement.

Du reste, il faut aussi le dire, s'il avait rempli
avec intelligence et dignité, comme le plus grand
nombre de nos magistrats, les devoirs de son état,
c'était sans y déployer une supériorité marquée.
Destiné à devenir une des grandes illustrations de
la magistrature contemporaine, il ne semble pas
qu'il ait encore révélé ses aptitudes par aucun éclat
particulier. Il est à croire assurément que pour ses
collègues d'alors, témoins journaliers de sa vie
judiciaire, les premiers gages de sa haute valeur
n'étaient point restés inaperçus ; mais ces pressen-
timents avaient à peine franchi le seuil du palais.
Dans le sein de sa compagnie, c'était un magistrat
distingué ; dans le pays où il vivait, il était particulièrement signalé, nous dit-on, par l'ardeur extrême qu'il apportait à la recherche des vieux livres
de jurisprudence. Ce coin de singularité, joint au

filel de renommée qui s'échappe toujours du centre vers la circonférence d'un département, lui valait l'honneur d'être classé parmi « les piocheurs » de la Cour de Nancy. Au delà du ressort, on peut dire qu'il ne comptait plus ; son nom était aussi ignoré du public, j'entends du grand public, que s'il n'eût pas existé. Après une telle vie, on laisse dans sa province la réputation d'un magistrat éclairé et le souvenir plus populaire d'un grand amateur de bouquins.

Le feu qui couvait dans cette âme ardente n'avait point encore laissé échapper d'étincelle visible. Nous en sommes, jusqu'à présent, à cette période de préparation, d'incubation, dont les anciens saluaient la lenteur comme l'heureux présage d'une forte maturité. Pour M. Troplong, du moins, il est certain que ce long et obscur noviciat lui a grandement servi ; car c'est pendant ces quinze années d'existence tranquille et monotone qu'il a amassé ce savoir, à la fois si vaste et si sûr, qu'on l'a vu ensuite dépenser avec une abondance vraiment surprenante pour qui en ignorait les sources dès longtemps recueillies et ménagées.

Dans un éloge de circonstance, qui est un petit chef-d'œuvre de finesse et de vérité, M. Troplong, parlant de M. Dupin, lui rendait ce juste témoignage : « J'ai travaillé toute ma vie, a dit M. Dupin dans ses *Mémoires*. M. Dupin n'avait pas besoin de laisser de *Mémoires* pour qu'on en fût convaincu (1). » — Ce mot de M. Troplong est complétement vrai de lui-même. Il n'a point publié de *Mémoires :* mais il n'a nul besoin d'en laisser après lui pour nous convaincre des occupations qui ont absorbé sa vie. Son meilleur témoin est là, sous nos yeux, dans ces travaux persévérants qui nous permettent de suivre sa pensée laborieuse dans les directions diverses où elle s'est engagée.

M. Troplong, en effet, comme toutes les natures vigoureuses, se sentit tout d'abord attiré de différents côtés. Le travail pratique et obligé que lui imposaient ses fonctions ne pouvait suffire à son activité ni à ses aspirations. Il comprit de bonne heure la nécessité de le compléter et de l'ennoblir par le contact des hautes études. Il était précisément le contraire de ces esprits qui, rétrécissant eux-mêmes l'horizon de leur vie, commencent par traiter la science de luxe inutile et se voient obligés

(1) Installation de M. le procureur général Delangle, audience de la Cour de cassation du 20 novembre 1865. (*Gazette des Tribunaux* du 21.)

de la mépriser ensuite comme un fruit trop vert.
C'est en parlant d'eux qu'il écrivait plus tard :

« En vérité, il y a de quoi être confondu d'étonnement à la vue de ces esprits orgueilleux ou aveugles qui, traitant la science comme un embarras,
s'efforcent par tous les moyens de la dépouiller de
ses rameaux. Tantôt c'est le droit romain qui doit
être supprimé comme fastidieux et inutile ; tantôt
c'est le droit féodal qu'il faut laisser dans la poussière de son tombeau. Ici, guerre à la philosophie
du droit ! là, guerre à son histoire ! Mais, en définitive, quel est le résultat de tous ces efforts de
destruction ? Un beau jour, et par un retour inévitable, la science, mutilée par ces mains barbares, reparaît vigoureuse et rajeunie ; et, se parant avec un égal amour de ses titres anciens et
de ses titres nouveaux, elle rallie à elle les sympathies de tous les hommes sans prévention (1). »

Déjà plein de ces idées, M. Troplong n'avait donc
plus qu'à trouver la voie dans laquelle il dirigerait
son ardeur scientifique. Il est permis de penser
qu'une publication contemporaine n'a pas été sans
influence sur son choix : je veux parler de la

(1) *Revue de Législation*, t. X, p. 292.

Thémis, recueil rédigé avec talent par un groupe de jurisconsultes distingués, animés du désir de ramener les esprits à l'étude de la jurisprudence. Le droit romain surtout, remis à l'ordre du jour par la découverte de manuscrits précieux, était l'objet constant de leurs travaux, non-seulement quant au fond des doctrines, mais surtout quant à la méthode qu'il convenait de suivre dans son étude.

Car il y a, comme on le sait, bien des manières d'étudier le droit romain ; et la part qu'il mérite a soulevé de longues controverses autour de cette grande cause, qui a semblé tant de fois compromise et qui n'est jamais perdue. Les uns y cherchent particulièrement ces sentences bien frappées qui sont en quelque sorte les proverbes du droit ; menue monnaie mise en réserve pour les besoins courants et que l'on dépense à tout propos, quelquefois même hors de propos.

D'autres, accordant un peu plus au fond des choses, voient dans le droit romain une collection très-variée d'espèces et de solutions qui est pour la pratique un arsenal très-bien garni et très-utile d'arguments et d'aperçus. Ce point de vue était surtout dominant chez nous autrefois, lorsque les lois romaines, quoique profondément modifiées par la jurisprudence locale, conservaient encore dans nos provinces non-seulement l'autorité que donne partout la raison, mais même un reste d'autorité légale. De là sans doute le succès des auteurs qui, à cette époque, cherchaient à résumer sous la forme la plus concise les dispositions du droit romain. Ces manuels étaient goûtés et devaient l'être, parce qu'ils rendaient à la pratique journalière des services qu'elle n'eût pas trouvés dans des ouvrages plus savants.

Lorsque le droit romain eut partout fait place à notre législation moderne, on put croire un moment cette question de méthode souverainement et définitivement résolue ; car la loi du 13 mars 1804 (22 ventôse an XII), en établissant les écoles de droit, décidait qu'on y enseignerait « *le droit* « *romain dans ses rapports avec le droit français* ». Et le rapporteur de la loi, en expliquant cette disposition, faisait très-bien comprendre à quoi devait désormais se borner cette étude.

« Les lois romaines, disait-il, nous ont aidé à rédiger notre Code, elles en rendront l'enseignement plus clair et plus complet. *On ne surchargera pas la mémoire de l'étudiant* de toutes celles

qui n'ont aucune analogie avec notre droit, nos
mœurs, nos habitudes. On ne leur parlera que de
ces décisions qui ont porté au plus haut degré
d'évidence les principes de la justice, et qui doivent être connues et enseignées partout où la justice est en honneur (1). »

C'est sous l'empire de ces idées, séduisantes par
leur apparente justesse, que l'on a vu naître ces
publications, aujourd'hui oubliées, dans lesquelles
les textes du droit romain, découpés en nouveaux
fragments, se trouvent répartis au-dessous des articles de notre Code, comme pour donner une traduction latine de la loi moderne. Méthode superfi-
cielle et fausse qui, en abordant le droit romain par
le détail, faisait disparaître dans un morcellement
indéfini l'unité de conception et la logique de déduction qui font précisément son originalité et sa
grandeur.

Cependant l'esprit scientifique, sacrifié par ce
système, ne tarda pas à se ranimer. Un petit groupe
de jurisconsultes, gardiens du feu sacré, éleva la
voix en faveur de cette législation abrogée, mais
toujours vivante, dans laquelle on affectait de ne

______

(1) Rapport de M. Mallarmé au Tribunat, séance du 19 ventôse an XII. (*Archives parlementaires*, t. VI, 1ʳᵉ partie, p. 54.)

plus voir qu'un vernis d'érudition courante, un bagage d'opinions toutes faites ou un musée de belles
sentences. Eux, au contraire, la représentaient
comme le chef-d'œuvre de la raison humaine dans
l'art de formuler, d'expliquer et d'appliquer les
lois. Ils en faisaient en quelque sorte le prototype
des législations positives. C'était Jourdan, par
exemple, trop tôt enlevé à ses doctes études, qui s'é-
criait : « Le droit romain, c'est la science du Droit
presque tout entière, et, pour nous servir d'une
expression énergique de nos anciens jurscon-
sultes, la législation romaine, *c'est le Droit !* (1) »
Ils en recommandaient donc l'étude, comme on
prescrit celle des mathématiques pures aux jeunes
gens qui se préparent aux applications de la
mécanique ou du calcul ; ils demandaient que
son culte fût entretenu dans la jurisprudence, au
même titre que la contemplation des chefs-d'œuvre
est conseillée aux artistes jaloux d'échauffer dans
leur âme le sentiment du beau : non pour y rencontrer telle maxime ou règle de détail qui court
tous les livres, mais pour faire naître et fortifier,
par la méditation de l'ensemble, ce sens propre aux

(1) *Thémis*, t. II, p. 74 (1820) : *Coup d'œil sur la science du
droit en France.*

vrais jurisconsultes, que l'on peut appeler le sens juridique.

Lecteur assidu de la *Thémis* (toutes ses publications postérieures en font foi), M. Troplong ne pouvait manquer de céder à cette forte impulsion. Reprenant en sous-œuvre le travail incomplet de l'école, il aborda donc résolûment l'étude du droit romain, « ce droit immortel qui, après des siècles, « plane sur le nôtre pour l'inspirer de ses souve- « nirs (1). » Et sans rencontrer dans ses livres l'expression développée de son sentiment sur les controverses de méthode dont je viens de parler, je crois pouvoir dire que, avant de rechercher dans le droit romain un auxiliaire pratique, il fut d'abord trés-vivement touché de ce qu'il a appelé lui-même la beauté artistique de cette grande législation. J'en trouve un premier indice dans le jugement qu'il porte sur les jurisconsultes romains et les traditions qu'il conseille d'aller leur emprunter.

« Pensons-y bien, nous dit-il : le droit romain est le foyer lumineux où brillent ces éternels prin- cipes sur lesquels s'élève l'édifice du droit mo- derne. Là, ils sont exprimés avec l'énergie antique et la profondeur particulière au génie romain ; là,

(1) *Comm. de la Prescription*, Préface, p. XII.

ils sont développés, analysés, poursuivis dans leurs conséquences et leur application, avec une richesse qui atteste à la fois le grand mouvement des intérêts civils chez les anciens et le coup d'œil perçant de ceux qui avaient mission de les classer et de les systématiser (1). »

Mais ce qui est peut-être encore plus caractéristique que ces paroles, c'est la méthode même suivie par M. Troplong pour l'étude de ce droit qu'il plaçait si haut. Car, au lieu de s'en tenir aux résumés qu'en avait faits le XVIIIᵉ siècle, il passait par-dessus ce travail de seconde main, pour aller tout droit aux régions où l'on trouve le flot de la jurisprudence romaine large et abondant. Il étudiait directement les Gaius, les Paul, les Ulpien, les Papinien, ces grands jurisconsultes qui « apprennent à faire de bonnes lois, lors même qu'ils en interprètent de mauvaises (2) ». Il étudiait après eux les Doneau, les Favre et surtout « ce génie profond qu'on a appelé avec vérité le Bossuet de la jurisprudence (3), » Cujas, le grand Cujas, dont il a tiré depuis tant de richesses et qu'il a payé de ses

(1) *Comm. de la Vente*, Préface, nᵒ 6.
(2) Grotius, cité par Vico, t. I, p. 178.
(3) *Comm. de la Vente*, Préface, nᵒ 2, et *Prescription*, t. I, nᵒ 435, note 1.

services par un hommage reconnaissant et ému :
« Ce Cujas qu'on se représente souvent comme un
pédant chargé d'un inutile et fastidieux savoir, et
qui est, au contraire, un esprit orné et poli, parlant avec élégance et sachant donner à sa pensée
le tour le plus ingénieux (1). »

L'étude du droit romain ainsi conçue et dirigée
présentait déjà un vaste programme. Mais elle sou-
levait à son tour des problèmes qu'elle ne pouvait
résoudre. Car, après avoir pénétré aussi profondément dans les intimités d'une telle législation, il
est impossible de ne pas se demander aussitôt :
Qu'est-elle devenue? Comment la société a-t-elle
passé de ce droit à celui qui la gouverne aujour-
d'hui? Quelle action secrète a déterminé ces transformations qui ont placé sur un fond commun des
développements si disparates? M. Troplong se
trouvait ainsi conduit vers le droit français, dont
nous allons maintenant le voir s'occuper avec des
vues originales qu'il a le premier, si je ne me
trompe, introduites dans notre jurisprudence moderne.

Soit par intuition personnelle, soit par l'influence
du mouvement littéraire qui, à ce moment même,

(1) *Vente*, Préface, n° 6.

était en train de réhabiliter le moyen âge, il sentit
qu'entre le droit de Rome et le droit français de
Pothier il existait une période de plusieurs siècles
pendant lesquels un droit nouveau, né de mœurs
nouvelles, avait dû se former sur les débris du
droit ancien, comme l'idiome destiné à devenir la
langue française s'était formé sur la décomposition
de la langue latine, altérée par l'action des dia-
lectes barbares. En effet, que le droit romain ait
survécu à l'invasion, c'est ce qui est aujourd'hui
hors de discussion ; mais il est également incontestable que les coutumes germaniques sont venues partager son empire. Le droit romain restait
la loi des Romains des Gaules, le droit des vaincus,
tandis que les Germains vainqueurs ne reconnaissaient que leur propre coutume. Ainsi on vit alors,
côte à côte, sur le même sol, ces deux législations
vivant dans un véritable état de promiscuité. Puis,
de même que le contact des deux peuples engendra
une sorte de mélange dont la physionomie bigar-
rée se fixa sous les traits de la féodalité, de même
la juxtaposition des deux législations, réciproque-
ment transformées par une mystérieuse alchimie,
donna naissance à un droit nouveau, dont l'expression se formula d'abord dans le droit féodal.

C'est là précisément que se trouve le berceau de notre droit moderne. M. Troplong, qui le saisit tout d'abord, n'a jamais manqué l'occasion de rappeler cette filiation. Une page que je trouve sous sa plume, à quelques années de là, prouve que si ses idées à ce sujet rencontraient quelque résistance, il ne leur gardait pas moins une fidélité ardente et convaincue.

« La science du droit, disait-il, est comme cette chaîne merveilleuse dont parle je ne sais plus quel conte oriental, et dont les anneaux, quoique brisés par une force supérieure, tendaient sans cesse à se rejoindre et à se ressaisir. Les institutions se modifient et périssent ; car il est au pouvoir de l'homme de les métamorphoser. Mais ce qui dépasse sa puissance, c'est de supprimer l'indestructible liaison des faits sociaux, c'est de rompre la succession historique des événements, c'est de détacher l'effet de la cause et le présent de son passé ! On avait déclaré la féodalité morte à jamais, et quelques esprits superficiels s'étaient empressés de proclamer bien haut, dans leur désir de tout abroger, que le droit féodal était mort. Mais le droit féodal n'est pas plus mort dans l'étude des lois modernes que les marquis ne sont morts dans les salons. Il règne encore, non par droit de promulgation légale, mais par droit de puissance paternelle... (1) »

M. Troplong étudiait donc le droit féodal, c'est-à-dire le droit français à son enfance. Il étudiait aussi ceux qui ont été ses parrains, ceux qui l'ont présenté au monde en le formulant, les Dumoulin, les Loyseau, les d'Argentré. C'est à eux qu'il allait demander le secret de cette théorie qui consiste à dégager un droit naissant de son enveloppe surannée, à recueillir et à défendre ses pousses nouvelles en les alimentant du suc renfermé encore dans le vieux tronc sur lequel elles ont germé.

Cependant ces longues et pénibles études de jurisprudence n'épuisaient pas l'activité laborieuse de M. Troplong. Il ne s'en contentait pas. On n'a pas encore oublié que la France était alors agitée par une grande secousse intellectuelle. Elle assistait à une sorte de renaissance qui imprimait aux études littéraires, historiques, philosophiques, un mouvement passionné. Quoique éloigné de Paris, qui en était le centre, M. Troplong suivait avec attention ce grand courant contemporain. Il dévorait, avec la France entière, ces belles leçons dont

____

(1) *Revue de Législation*, t. X, p. 291.

retentissait alors la Sorbonne, dans trois chaires restées célèbres. Il assistait, avec M. Cousin, à ce grand procès dirigé contre les systèmes philosophiques, tour à tour sommés de comparaître devant le spiritualisme, leur souverain et leur juge. Un mot de ce brillant enseignement était un éclair qui ouvrait soudainement à son esprit de larges perspectives. M. Cousin, par exemple, avait dit un jour : « Le christianisme est mal étudié et mal compris (1). » M. Troplong l'étudie à son tour et essaye de le comprendre. Il se pénètre de cette philosophie touchante et sublime, dont la vertu fit éclore dans le cœur humain, pourtant bien vieux déjà, des sentiments qu'il n'avait jamais connus (2).

L'histoire occupait aussi profondément M. Troplong, qui semble avoir deviné que par ce côté il y avait toute une révolution à opérer dans l'étude de notre moderne jurisprudence. Nos anciens jurisconsultes, en effet, Dumoulin, Loyseau, et même des jurisconsultes contemporains, comme le savant Henrion de Pansey, acceptant sans contrôle le système historique admis de leur temps, en avaient

(1) Cours de 1829, 2ᵉ Leçon.
(2) *Influence du Christianisme sur le droit romain*, p. 364, et *infra*, ch. 2.

fait la base de leurs travaux. Mais cette base, longtemps respectée, commençait à s'ébranler sous les
coups de la critique. Déjà l'on osait penser ce que
M. Troplong allait lui-même écrire un peu plus
tard, au grand scandale de quelques fidèles, indi-
gnés de voir toucher à leurs idoles. « J'ai dû me
livrer, disait-il, à l'étude spéciale de quelques-
uns de nos feudistes et publicistes les plus re-
nommés, par exemple Dumoulin, Loyseau, Le-
bret, d'Aguesseau, Henrion de Pansey. Mais, le
dirai-je ? *Fremant omnes scilicet* : Je n'ai rien
trouvé dans ces écrivains qui puisse satisfaire
les esprits nourris des saines doctrines mises en
honneur par l'école historique du XIXᵉ siècle.
Vues mesquines ou passionnées sur nos origines,
fausse intelligence des sources. préjugés de corps,
haines systématiques : voilà ce qui m'a frappé dans
ces auteurs plus vantés qu'étudiés par la génération actuelle (1). »

C'est qu'en effet l'école historique moderne, portant la critique philosophique et les lumières de
l'érudition sur nos traditions nationales, venait
d'entrer hardiment dans des voies inexplorées.
Elle était conduite (car les nommer c'est tout dire)

(1) *Revue de Législation*, t. I, p. 2.

par les Thierry, les Michelet, et surtout par M. Guizot, « qui est incomparablement le maître de tous
« les historiens modernes, sous le rapport de la
« sagacité, de la profondeur et d'une haute et large
« impartialité (1). Grâce à leurs efforts, l'histoire
de notre civilisation commençait à s'édifier sur une
théorie destinée à en changer le tableau aussi bien
qu'à en préciser les lois. L'époque romaine de la
Gaule, le moyen âge et les temps féodaux, apparais-
saient sous un jour tout nouveau, qui éclairait en
même temps les origines de notre jurisprudence.
M. Troplong, qui avait aperçu ce lien naturel, suivait donc avec ardeur ces grands travaux de réno-
vation historique, s'intéressant à toutes les découvertes qu'ils produisaient et s'initiant à ces nouvelles doctrines par lesquelles il devait à son tour
rajeunir la science du droit.

Enfin, à côté de ces investigations dans tous les
sens il trouvait encore une large place pour les
études littéraires les plus sérieuses. L'antiquité
surtout l'attirait : *Fortes creantur fortibus !* Orateurs,
poëtes, philosophes, moralistes, il lisait tout, com-
parait tout, cherchant à faire revivre sous ses yeux,

(1) J'emprunte ce jugement à M. Troplong (*Prescription,* t. I,
n° 198, en note).

avec ces témoignages d'une civilisation éteinte, la société qui l'avait portée. Mais avant tous les autres, Cicéron semble avoir eu le don de le charmer et de le satisfaire. « Ce génie universel, » comme il l'appelle, qu'il nous a si bien montré sous les différents aspects de sa vaste et mobile intelligence (1), et dont il ne parle jamais qu'avec admiration, fournissait à sa pensée un perpétuel aliment. Aussi l'on peut remarquer que cette longue fréquentation a communiqué, non-seulement aux idées, mais même à la plume de M. Troplong, à ce qu'on appelle la manière de l'écrivain, plus d'un trait de ressemblance avec son illustre modèle. C'est la même touche large, aisée, quelquefois un peu flottante; la même habitude de généralisation et d'élan vers les vues philosophiques; le même amour du bon sens, net, pratique, ennemi des doctrines alambiquées et des sophismes; le même style abondant, périodique, harmonieux et oratoire ; le même esprit, enfin, ordinairement grave, serein, sénatorial, mais plein de verve parfois et de causticité, et relevé aussi par un certain enjouement qui n'est pas toujours exempt de quelque recherche.

(1) *Influence du Christianisme sur le droit romain*, p. 50 et suivantes.

C'est en parcourant ainsi les grandes œuvres de l'esprit humain que M. Troplong eut la fortune (assurément bien méritée) de rencontrer le livre de Vico, qui vint exercer sur ses propres travaux une influence que je regarde comme décisive. Vico, peu connu de l'Italie, sa patrie, l'était encore bien moins en France. Cependant M. Cousin venait de lui consacrer une de ses plus belles leçons (1), et, sous son active impulsion, M. Michelet donnait une édition française de la *Scienza nuova*. M. Troplong, en lisant ce livre, reconnut, si je ne me trompe, l'auxiliaire qu'il devait attendre. Sa moisson était abondante, mais éparse ; Vico vint lui offrir le lien qui devait l'aider à la rassembler et à la recueillir.

Nous entrons ici dans une phase nouvelle de ses travaux. Après la période des recherches et des investigations studieuses, nous allons assister à la période, non moins intéressante, de la coordination et de l'application.

(1) *Histoire de la Philosophie*, t. I, 2e leçon.

CHAPITRE II

Opinion de Vico sur le problème de la certitude. — Objections
contre le principe cartésien. — Du sens commun de l'humanité. — Doctrine de la *Science nouvelle* sur la marche des
nations. — Les trois âges de la civilisation. — Concordance
des institutions avec la marche des sociétés. — Influence de
Vico sur M. Troplong. — Vérification de son système. —
Influence du Christianisme sur le droit civil des Romains. —
Période aristocratique : Caractères du droit primitif. — Période philosophique : de l'Équité. — Sa lutte avec le droit
primitif. — Dualisme du droit romain. — Période chrétienne :
Action du christianisme sur la jurisprudence romaine. —
Confirmation des doctrines de Vico.

Je n'ai pas à m'étendre en ce moment sur les travaux de Vico. Une étude complète m'entrainerait
trop loin. Leur importance, d'ailleurs, est aujour-
d'hui trop bien sentie pour qu'il soit nécessaire de
la justifier. Mais si l'on veut se rendre compte de
leur vertu fécondante, il est indispensable de se
rappeler, au moins dans leurs traits généraux, quelques-uns des grands problèmes agités par le célèbre
philosophe napolitain. Je me contenterai d'en signaler deux, l'un dogmatique, l'autre historique.

Le premier était celui que l'on désigne en philosophie sous le nom de Problème de la certitude, peut-être le problème par excellence, puisqu'il a pour objet de préparer la solution de tous les autres, en déterminant les témoignages auxquels il est permis à l'esprit humain de se confier.

Vico, qui écrivait au commencement du XVIIIe siècle, trouvait sur ce sujet une opinion toute faite et d'autant plus ferme qu'elle se présentait comme l'expression des dernières conquêtes de l'esprit moderne. On sait, en effet, comment la littérature, les arts et la philosophie de la Grèce ancienne, émigrant en masse après la chute de Constantinople, étaient venues d'abord exercer une sorte de fascination sur l'Europe occidentale. « A la fin du XVe siècle, comme l'a très-bien remarqué M. Cousin, la philosophie ancienne reparaît presque tout entière. On possède enfin tout Aristote, on acquiert Platon ; on lit dans leur langue ces deux grands esprits ; on s'enchante, on s'enivre de cette merveilleuse antiquité (1). » Ce

(1) *Fragments philosophiques*, *Philosophie scolastique*, p. 81. — V. aussi *Histoire de la Philosophie moderne*, 10e leçon, t. II, p. 260 : « Quand la Grèce philosophique apparut à l'Europe du XVe siècle, jugez quelle impression durent produire ses nombreux systèmes, si libres et revêtus d'une forme si brillante,

fut, en effet, une véritable et générale ivresse. Comme un homme plongé dans les ténèbres, qui serait subitement inondé par la lumière du soleil et réchauffé par ses rayons bienfaisants, l'esprit humain, desséché par la scolastique, se sentit pénétré d'une vie nouvelle. Mais il ne sait, le plus souvent, que changer de maître; et il ne réussit à se dégager des étreintes de la théologie que pour se livrer à un autre despotisme. Son admiration pour le passé devint un culte aveugle, une superstition servile et intolérante; si bien que, d'exagération en exagération, on arriva à s'incliner devant la parole d'Aristote comme devant la vérité même, et qu'un jour ce despotisme du passé eut la téméraire prétention de passer son niveau sur l'intelligence humaine et de comprimer ses tressaillements sous le mot fatidique : Le maître l'a dit, *Magister dixit!!*

Cependant, comme il arrive toujours, le ressort affaibli finit par recouvrer peu à peu son élasticité. Descendu au dernier degré de l'obéissance, l'esprit

sur ces philosophes du moyen âge, encore enfermés dans l'ombre des cloîtres et des couvents, mais qui déjà soupiraient après l'indépendance! Le résultat de cette impression devrait être une sorte d'enchantement et de fascination momentanée. »

humain se lassa de sa servitude. Il prétendit rompre des chaînes devenues trop lourdes et s'élancer dans la liberté. Le XVIe siècle avait assisté de toutes parts à la fermentation, tantôt latente, tantôt bouillonnante, de ces idées d'indépendance. Elles avaient soufflé à Montaigne cette pensée qui était déjà le drapeau d'une révolution : « Nostre âme ne bransle qu'à crédit, liée et contrainte à l'appétit des fantaisies d'aultruy, serve et captivée sous l'auctorité de leur leçon... Il faut tout passer par l'estamine et ne loger rien en sa teste par simple auctorité et à crédit (1). » Enfin, elles vinrent solliciter le génie de Descartes, qui s'en constitua le législateur. Pour ce libre et grand penseur, plus de tradition, plus d'autorité! « Tout passer par l'estamine! » c'est-à-dire ne rien admettre sans en avoir une idée claire et distincte : c'est le premier dogme de sa méthode. La raison individuelle se trouvait ainsi sub-

(1) *Essais*, liv. 1er, chap. 25, *De l'Institution des Enfants*.

A la même époque, Ramus (La Ramée) s'écriait aussi : « Pourquoi ne pas discuter avec la liberté du bon sens plutôt qu'avec l'esprit de soumission servile à l'autorité des maîtres? Pourquoi ne pas socratiser un peu? » Les livres de cet adversaire d'Aristote (*animadversiones Aristoteleæ*) étaient interdits et brûlés devant le collége royal; il était condamné lui-même à ne plus enseigner la philosophie, puis poignardé à la Saint-Barthélemy. Vaines résistances : la brèche était faite.

stituée à toutes les autorités ; elle devenait à elle
seule le plus sûr, ou, pour mieux dire, le seul témoin de la vérité. Doctrine hardie qui avait, j'en
conviens, l'immense mérite de proclamer l'émancipation de la pensée, mais qui dut peut-être aussi
un grand nombre de ses prosélytes à cette faculté
commode et flatteuse qu'elle accordait à chacun de
s'ériger en souverain justicier (1). « Chacun, pour
parler le langage de Bossuet, s'est fait à soi-même un
tribunal où il s'est rendu l'arbitre de sa croyance. »
Ce qui est certain, c'est que, moins d'un siècle après
son apparition, la nouvelle méthode dominait à peu
près dans toute l'Europe.

Lorsqu'il entreprit à son tour de méditer sur ces
grands sujets, Vico, sans vouloir relever tous les
autels renversés par Descartes, sentit cependant
surgir en lui une résistance invincible contre l'idée
cartésienne. Ce système, en substituant absolument

______

(1) Vico n'a pas manqué d'en faire l'observation : « Descartes
« obtint de son vivant le renom du plus grand des philosophes.
« C'est ce qui devait arriver dans un siècle de légèreté dédai-
« gneuse où l'on veut paraître éclairé sans étude et par un don
« de la nature. » (*Opuscules*, t. I, p. 170.)

Il avait déjà dit ailleurs : « Les jeunes gens se laissent faci-
« lement séduire à cette doctrine, parce qu'il est bien fatigant
« de tout lire et qu'on aime à apprendre beaucoup de choses
« sous une forme abrégée. (*Ibid.*, p. 161.) »

le sens individuel à toute tradition, avait à ses yeux des incertitudes (1) et des conséquences qui l'effrayaient. Il s'en expliquait avec franchise, à un moment où c'était presque un blasphème de critiquer la doctrine du philosophe français. « Sans doute, disait-il, nous devons beaucoup à Descartes, qui a établi le sens individuel pour règle du vrai : c'était un esclavage trop avilissant que de faire tout reposer sur l'autorité. Nous lui devons beaucoup pour avoir voulu soumettre la pensée à la méthode ; l'ordre des scolastiques n'était qu'un désordre. Mais vouloir que le jugement de l'individu règne seul, vouloir tout assujettir à la méthode géométrique, c'est tomber dans l'excès opposé. *Il serait temps désormais de prendre un terme moyen* : de suivre le jugement individuel, mais avec les égards dus à l'autorité ; d'employer la méthode, mais une méthode diverse selon la nature des choses. Autrement on s'apercevra trop tard que Descartes a fait comme ceux qui se sont frayé un chemin à la ty-

______

(1) « Le critérium de Descartes, qui est la perception claire « et distincte, est plus incertain que celui d'Épicure, si l'on n'a « pas soin de le définir. » (Vico, *Opuscules*, t. I, p. 170.)

Et plus loin : « Entre les cartésiens eux-mêmes, l'idée claire « et distincte pour l'un est souvent pour l'autre obscure et con- « fuse. » (*Ibid.*, p. 172.)

rannie en se déclarant les défenseurs de la liberté, et qui, une fois sûrs du pouvoir, ont fait peser sur le peuple une tyrannie plus insupportable que celle qu'ils avaient renversée (1). »

Hélas ! on ne saurait mieux dire. Il serait impardonnable d'oublier les grands et impérissables bienfaits de la révolution intellectuelle inaugurée par Descartes ; mais il nous a été donné aussi de connaître le revers de cette belle médaille. On a vu à l'œuvre les adeptes de l'esprit géométrique, poussant à bout toutes choses et faisant table rase des croyances de l'humanité, comme Descartes l'avait fait des traditions de l'école ; on a vu le fanatisme des théories absolues en lutte avec le sens commun, le délire des élucubrations solitaires dont la logique impitoyable prétendait s'imposer au monde, sans souci de ses traditions éternelles ; on a vu le jugement individuel, animé du fol orgueil de recommencer, comme on l'a dit, l'œuvre de la création tous les matins, et cherchant à élever, sous le nom profané de la liberté elle-même, l'édifice de sa tyrannie et de son intolérance. Eh bien! pour nous qui, sur tant de problèmes que je n'ai pas à aborder, avons été les témoins et quelquefois les

(1) *Opuscules*, t. 1, p. 162.

victimes de ces excès, n'est-il pas vrai que Vico, dans ses critiques du critérium cartésien, était non-seulement un philosophe clairvoyant, mais presque un prophète inspiré?

Quoi qu'il en soit, il ne suffisait pas de combattre Descartes, encore fallait-il remplacer sa doctrine par une autre et trouver ce « *moyen terme* » entre le joug absolu de l'autorité et les mobilités capricieuses du sens individuel. C'est le problème que Vico crut résoudre en plaçant le critérium du vrai dans ce qu'il appelle *le sens commun du genre humain*. « Des idées uniformes, dit-il, nées chez des peuples inconnus les uns aux autres, doivent avoir un motif commun de vérité, grand principe d'après lequel le sens commun du genre humain est le critérium indiqué par la Providence aux nations pour déterminer la certitude du droit naturel des gens (1). »

De là cette maxime qui est la formule générale de son système : « Ce que l'universalité ou la pluralité du genre humain sent être juste doit servir de règle dans la vie sociale. La sagesse vulgaire de tous les législateurs, la sagesse profonde des plus célèbres philosophes, s'étant accordées pour

_____

(1) *Philosophie de l'histoire*, t. 1, p. 343.

admettre ces principes et ce critérium, *on doit y trouver les bornes de la raison humaine;* et quiconque veut s'en écarter doit prendre garde de s'écarter de la raison tout entière (1). »

Ainsi, Vico ne veut point, comme on le faisait avant Descartes, étouffer la raison ; c'est elle, au contraire, qu'il accepte pour guide. Mais il ne la veut point non plus sans garanties ; il prétend contrôler son témoignage par sa permanence et sa généralité. Telle est la doctrine de la Science nouvelle. Pour la mettre en pratique, il faut considérer successivement le genre humain dans les phases diverses qu'il parcourt, et constater dans chacune d'elles les grandes idées, les croyances générales qui s'emparent de l'humanité. « Pour arriver à
« trouver la nature des choses humaines, la Science
« nouvelle procède par une analyse sévère des
« pensées relatives aux nécessités ou utilités de la
« vie sociale, qui sont les deux sources éternelles
« du droit (2). » Ce que, sur ces grands sujets, le genre humain s'accorde à reconnaître comme vrai, Vico le tient également pour la vérité même, attachée à la nature humaine ; ce qui varie, au con-

(1) *Phil. de l'histoire*, t. I, p. 416.
(2) *Ibid*, t. I, p. 410

traire, avec les changements de l'humanité, n'est aux yeux de Vico qu'un phénomène passager et contingent, vrai aujourd'hui, dans telle phase de la vie du genre humain, faux demain, lorsque l'humanité s'élève à une sphère supérieure de civilisation ; enfin, ce que l'humanité, à travers le cours des âges et les vicissitudes de sa durée, n'a jamais accueilli ou accepté sans murmure, cela est faux, d'après Vico, faux de toute fausseté, c'est-à-dire incompatible avec l'essence de l'humanité dont les instincts le repoussent.

Vico résumant lui-même tout ce système dans un mot, a dit très-justement : « La Science nouvelle est une histoire des idées humaines (1). » Ce fut vraisemblablement en contemplant ce spectacle de nos destinées qu'il se trouva conduit à une conception nouvelle du développement progressif des sociétés. C'est la seconde de ses idées que je veux rappeler.

Sur la foi des poëtes, qui avaient embelli ce tableau de toutes les couleurs de l'imagination, on avait pendant longtemps considéré l'humanité comme une sorte d'enfant gâté qui avait trouvé et épuisé le bonheur dans son berceau. On la faisait

(1) *Philosophie de l'histoire*, t. I, p. 410

naître au sein de l'âge d'or, règne heureux de la
vertu dans sa fleur ; puis, à cette idylle des premiers jours on faisait succéder l'orage et l'on montrait l'âge d'airain venant prendre possession du
monde ; enfin, on faisait voir l'humanité, définitivement corrompue et méprisable, s'avançant, à
travers les tristesses et les ruines, vers ces âges de
fer dont les dures étreintes blessaient maintenant
son âme endolorie (1).

Il n'y aurait assurément rien à dire de ces rêve-
ries, si elles demeuraient enfermées dans le domaine de la poésie, qui leur donne tant de charmes ;
mais le malheur est qu'elles n'y restent point.

---

(1) On est un peu étonné de voir ces fictions trouver créance
chez d'Aguesseau : « En vain les philosophes, plus subtils que
solides et souvent amateurs des paradoxes, ont voulu imaginer
que la scène du monde naissant s'était ouverte par la guerre.

« Les poëtes, *plus croyables qu'eux sur ce point*, parce qu'ils
ont parlé beaucoup plus d'après la nature, ont fait une suppo-
sition plus vraisemblable lorsqu'ils ont dit que le premier âge
du monde avait été l'âge d'or :

> *Aurea prima sata est ætas, quæ, vindice nullo,*
> *Sponte sua, sine lege, fidem rectumque colebat.*
>
> Ovide, *Métamorphoses*, lib. I.

« Si cet âge a peu duré, selon les mêmes poëtes, c'est parce
que les passions ont bientôt fait taire la raison ; mais la raison
parlait quand on l'a fait taire : elle existait avant que la passion
l'obscurcît et la troublât, et elle n'inspirait à l'homme que des
sentiments de paix. » (*Principes sur le droit des gens.*)

Comme ces sirènes enchanteresses et perfides dont nous parlent aussi les poëtes, elles nous séduisent pour nous tromper et nous perdre ; et quand une fois elles s'emparent de l'esprit, elles le dominent et l'égarent, même à son insu. M. Royer-Collard, parlant du scepticisme, disait très-justement : « On ne lui fait pas sa part ; quand il pénètre dans l'esprit, il l'envahit tout entier (1). » Parole profonde, qui est vraie de toutes nos erreurs. A aucune on ne fait sa part. On ne songe d'abord qu'à une fiction poétique, à qui l'on donne asile dans le coin réservé *à la folle du logis*, et peu à peu la brillante chimère prend sur nous l'empire de la vérité. Encore aujourd'hui, malgré tant de preuves accumulées par la science, on a du mal à se défendre d'une secrète sympathie pour ce qu'il est convenu d'appeler « le bon vieux temps. » Et pour peu que la passion vienne à s'en mêler, on n'est pas loin de répéter la formule hautaine de Rousseau : « Tout « est bien sortant des mains de l'auteur des choses ; « tout dégénère entre les mains de l'homme (2). » On fausse ainsi toute l'histoire, et, sous l'influence

(1) Discours d'ouverture de son Cours de Philosophie, reproduit dans sa vie politique, par M. de Barante, t. I, p. 134.
(2) *Émile*, ch. 1er.

de ces regrets imaginaires, les progrès de la civilisation ne sont plus que les fruits du mal.

Mais Vico était profondément lettré ; et les lettres, qui avaient propagé cette légende de l'âge d'or, lui fournissaient elles-mêmes des témoignages décisifs pour la renverser. « Les victimes humaines, disait-il, sont appelées dans Plaute *victimes de Saturne ;* et c'est sous Saturne que les auteurs placent l'âge d'or du Latium : tant il est vrai que cet âge fut celui de la douceur, de la bénignité et de la justice ! Rien n'est plus vain que les fables débitées par les savants sur l'innocence de l'âge d'or chez les païens (1). »

Et ailleurs : « Les vertus du premier âge, à la fois religieuses et barbares, furent analogues à celles qu'on a tant louées dans les Scythes, qui enfonçaient un couteau en terre, l'adoraient comme un dieu, et justifiaient leurs meurtres par cette religion sanguinaire (2). »

Vico repoussait donc toutes les fictions de la poésie sur ce sujet. Pour lui, c'était justement le contraire qui était la vérité. « La nature veut, dit-il, qu'en toutes choses les commencements soient

(1) *Philosophie de l'histoire,* t. II, p. 102.
(2) *Philosophie de l'histoire,* t. II, p. 100.

grossiers (1). » Partant de là, il soutient que les nations, prises à leur berceau, sont de véritables sauvages ; c'est le Polyphème d'Homère, en qui Platon reconnaissait le type des premiers pères de famille (2). Pour ces premiers hommes, ignorants et grossiers, tout est sujet de terreur ou d'admiration, et ils divinisent tout ce qui les épouvante ou les étonne (3) : ainsi chaque nation païenne a son Jupiter (4).

Puis, de ce premier état sortirent d'abord un petit nombre d'hommes supérieurs par la force, lesquels fondèrent les familles (5). C'est le temps des Hercule, des Achille, que l'on considère comme les fils des dieux : ainsi chaque nation païenne a son Hercule, fils de Jupiter (6).

Voilà quels sont, d'après Vico, les deux premiers âges de toutes les nations. Mais aussi l'homme qui les compose a reçu le don de l'étincelle divine : *divinæ particulam auræ ;* il porte en lui les germes de la civilisation. Peu à peu son esprit, longtemps

(1) *Science nouvelle*, t. II, p. 16.
(2) *Ibid.*, t. II, p. 106, 264, etc.
(3) *Philosophie de l'histoire*, t. II, p. 26 ; t. I, p. 354.
(4) *Ibid.*, t. I, p. 368.
(5) T. I, p. 368.
(6) T. I, p. 356.

comprimé sous une enveloppe grossière, se fortifie et prend de l'empire ; longtemps vassal du corps et de ses appétits, il devient suzerain à son tour. C'est pourquoi à l'âge *divin*, celui où l'on divinisait tout (1), et à l'âge *héroïque*, celui des Héros, on voit enfin succéder l'âge *humain*, « celui de la nature humaine, intelligente, et par cela même modérée, bienveillante et raisonnable, reconnaissant pour lois la conscience, la raison et le devoir (2). »

Au surplus, il est bien entendu que ces transformations progressives ne s'arrêtent pas à l'homme lui-même ; elles pénètrent tout ce qui est son œuvre. Elles embrassent et entraînent dans leur mouvement les sociétés et ce qui constitue leur essence : les croyances, les opinions, les idées, les mœurs, les lois, les gouvernements (3). En un mot, toutes les institutions sociales passent successivement, comme ceux qui les ont créées (4), par ces trois

____

(1) C'est de là que Vico tire la qualification par laquelle il désigne le premier âge et qui ne paraît guère, au premier abord, se rapporter à son objet. (T. II, p. 264.)

(2) T. II, p. 264.

(3) T. II, p. 262.

(4) « Le monde social étant indubitablement l'ouvrage des « hommes, on peut en lire les principes dans les modifications « de l'esprit humain. » (Vico, t. II, p. 26.)

étapes : âge divin ou théocratique, âge héroïque ou aristocratique, âge humain ou démocratique.

Telle est en gros (car j'ai dû supprimer plus d'un détail) la première partie du système de Vico sur le développement de la civilisation. Je dis la *première partie*, car on sait que, après avoir tracé ce tableau historique d'après l'observation du passé, le philosophe prétendit l'ériger en loi de l'avenir, en affirmant que les nations étaient éternellement soumises à cette marche circulaire (1). Ce perpétuel recommencement est ce qu'on a appelé la théorie des retours (*i ricorsi*). Cette conclusion était évidemment exagérée, et la critique a fait justement remarquer que si elle pouvait rencontrer dans certaines pages de l'histoire quelques arguments spécieux (2), elle reposait en définitive sur une généralisation excessive. Elle a transformé trop facilement des faits accidentels et particuliers en lois générales et nécessaires. D'autre part, on a pu également se demander ce que devenait le progrès de l'humanité elle-même, auquel Vico croyait, lorsque les nations qui en sont les fragments étaient

(1) *Science nouvelle*, t. II, p. 262.

(2) V. *Infra*, ch. 3, celui qu'on a tiré de la chute de l'empire romain.

ainsi condamnées à tourner, sans en jamais sortir, dans le cercle inflexible des trois âges. Vico n'a pas suffisamment remarqué que le progrès et la rotation sont deux termes inconciliables.

Mais, à part ces côtés vulnérables ou obscurs de sa doctrine, il n'en reste pas moins à ce grand et infortuné génie que l'adversité, suivant sa parole, poursuivit même au delà du tombeau, la gloire d'avoir mis au jour deux vérités importantes qui ont servi de guides à la science historique moderne.

Il est vrai que cette œuvre immense ne fut pas d'abord comprise ; elle était en avance sur son temps. Vico lui-même le sentait et s'y résignait. « Mon livre, disait-il, ne pouvait réussir ; il prend pour point de départ l'idée de la Providence, pour principe la justice innée du genre humain... Pour que les livres plaisent, il faut, comme les habits, qu'ils soient conformes à la mode (1). » Toutefois, comme on l'a si bien dit, sa gloire n'était qu'ajournée ; après être resté patiemment endormi pendant un siècle et demi dans sa poussière, il devait ressusciter un jour pour la réclamer. « Quand l'ère « des idées qu'il représentait est arrivée, elles ont

(1) *Opuscules*, t. I, p. 171.

« été frapper à sa tombe et le réveiller (1). » C'est ainsi qu'il lui était réservé de susciter au milieu de nous d'illustres adeptes, qui, maîtres eux-mêmes, ont pourtant tenu à honneur de se proclamer ses disciples. Ceci me ramène à M. Troplong.

On a souvent remarqué l'influence d'une œuvre maîtresse sur un esprit qui, déjà travaillé par les premiers frémissements de sa pensée, n'attend plus qu'un rayon de soleil pour échauffer sa fécondité. De nos jours, celui qu'on a appelé l'Homère de l'histoire, Augustin Thierry, nous a raconté avec enthousiasme comment une lecture de Châteaubriand avait éveillé en lui cette vue intérieure, plus clairvoyante mille fois que ses pauvres yeux éteints par l'étude (2). Un autre encore, qui a écrit l'histoire après l'avoir faite, et dont le génie en toutes choses semblerait volontiers le type de la sponta-néité, l'empereur Napoléon Ier, confessait que la lecture de Bossuet lui avait été une révélation. Il disait un jour au comte de Narbonne :

« Le grand côté de l'histoire ne m'apparaissait pas... Mon âme dormait encore ; et ce que j'écri-

(1) Châteaubriand, *Études et Discours historiques*, préface, p. 36.

(2) *Récits des temps mérovingiens*, préface, p. 11.

vais, car j'écrivais beaucoup, était faible et pâle. Le jour où, par bonheur, je rencontrai Bossuet, où je lus, dans son *Discours sur l'Histoire universelle*, la suite des empires et ce qu'il dit magnifiquement des conquêtes d'Alexandre, et ce qu'il dit de César, qui, victorieux à Pharsale, *parut un moment par tout l'univers*, il me sembla que le voile du temple se déchirait du haut en bas et que je voyais les dieux marcher. Depuis lors, cette vision ne m'a plus quitté... (1) »

Dans une autre sphère, et en ne comparant que ce qui est comparable, je me persuade que la lecture de Vico fut un peu pour M. Troplong ce qu'avait été pour Augustin Thierry et Napoléon celle de Châteaubriand et de Bossuet. Jeune, déjà surchargé de savoir, embarrassé dans la multitude et la confusion des théories, il devait avoir besoin que la secousse du génie vînt fixer les images flottantes que l'étude avait jetées dans sa pensée. C'est à Vico qu'il dut ce bienfait. Il y trouva le fil conducteur qui lui permit de s'orienter au milieu du chaos de lois qui ont tour à tour gouverné le monde. Pour lui aussi le voile fut déchiré ; et sous cette longue suite de changements, surface très-agitée

(1) M. Villemain, *Souvenirs contemporains*, t. I, p. 158.

d'un mouvement très-lent, il lui fut donné d'embrasser dans son ensemble et de comprendre dans ses causes le majestueux déroulement du droit universel.

Au surplus, cette influence de Vico n'est point une conjecture. Elle est attestée par les premiers travaux de M. Troplong. Car avant d'avoir dégagé sa propre originalité, il est manifeste qu'il s'engagea complétement dans les voies de son auteur. Il lui rendit même par là, on peut le dire, une partie du service qu'il en recevait. Vico, en effet, avait énoncé beaucoup d'idées générales sans les démontrer ; il esquissait à grands traits, dans une synthèse large et puissante, sans s'assujettir au soin minutieux de placer des preuves à côté de ses affirmations. « Vico, comme l'a très-justement dit son « éminent traducteur, a eu trop souvent le tort « d'effacer sa route à mesure qu'il avançait (1). » De là bien des obscurités et bien des nuages dans son œuvre. Les faits étaient-ils toujours d'accord avec ses théories ingénieuses ? La science pouvait-elle accepter ses conclusions, ou fallait-il les ranger parmi les rêves d'une brillante imagination ?

M. Troplong, en s'enrôlant sous sa bannière, se

______

(1) M. Michelet, *Œuvres de Vico*, préf., p. vii.

chargea de cette vérification. Elle nous a valu de sa part des travaux remarquables, qui n'ont été publiés que plus tard, mais dont les matériaux et les idées ont été recueillis dès cette époque.

Le premier de ces travaux est celui qui porte pour titre : *De l'influence du Christianisme sur le droit civil des Romains* (1).

Dans ce mémoire, M. Troplong a entrepris de nous faire assister au spectacle des transformations du droit romain dans les trois âges qui ont signalé

(1) Je rencontre ici la difficulté qui se présente toujours lorsqu'on cherche à suivre chez un auteur le développement successif de ses idées. Souvent les travaux qui le constatent n'ont pas été publiés dans l'ordre exact de leur véritable filiation, et l'on peut craindre de se livrer à une reconstruction purement artificielle et systématique; mais j'ai sous les yeux la preuve que le mémoire sur l'influence du christianisme, quoique publié seulement en 1843, après une lecture à l'Académie des sciences morales et politiques, était cependant arrêté depuis longtemps dans l'esprit de l'auteur, car j'en trouve le résumé dans le n° 785 du *Commentaire de la Vente*, publié en 1834. Ce résumé se termine par cette phrase : « Sous le rapport de la simplicité, de l'équité « naturelle, des sentiments d'humanité que développe la civili-« sation, le Code de Justinien est autant supérieur au droit des « Pandectes que le Code civil l'emporte sur le droit de Justi-« nien. » — A quoi M. Troplong ajoute cette note : « Cette « thèse pourra paraître paradoxale, mais quelque jour peut-être « je la justifierai par la publication d'un travail *où j'ai réuni* les « preuves de mes assertions, et qui comprend les progrès philo-« sophiques du droit romain depuis les Douze Tables jusqu'à « Justinien. »

son existence : la période aristocratique, la période philosophique et la période chrétienne, correspondant exactement aux trois âges marqués par Vico.

Mais d'abord, quels sont les caractères généraux et distinctifs du droit aristocratique ?

Les voici :

« Le droit civil, quand il se meut dans une sphère distincte de l'équité et lorsqu'il se décore du titre de *droit strict*, n'est qu'un ensemble de créations artificielles et arbitraires, dont le but est de gouverner par des représentations matérielles l'esprit de l'homme encore incapable de se laisser gouverner par la raison. Le droit civil lui parle d'en haut le langage sévère de l'autorité; il veut qu'il abaisse son intelligence, tantôt devant l'arcane des mythes religieux, tantôt devant les combinaisons factices d'une politique âpre et féroce. Il sait qu'il est ignorant, crédule, qu'il n'adore que la superstition et la force. C'est pourquoi il se met au niveau de ses idées pour le contenir; il le régit par la superstition et par la force (1). »

Puis, passant de ces généralités à l'appréciation des caractères du droit romain à son premier âge, M. Troplong ajoute :

(1) *Influence du Christianisme*, p. 19.

« Le droit romain a été empreint, à son origine, de cette rudesse théocratique et aristocratique inséparable de toutes les époques appelées héroïques par Vico. Il est sorti du sein d'un patriciat religieux, militaire et politique, qui a gravé en lui ses souvenirs de conquête, ses instincts d'immobilité, ce génie formaliste, jaloux, dominateur, nourri à l'école sombre et forte de la démocratie étrusque. Ne cherchons pas dans ce droit primitif l'action efficace de l'équité naturelle et cette voix de l'humanité qui parle si haut chez les peuples civilisés. La notion simple et naïve du juste et de l'injuste y est défigurée par la farouche enveloppe d'institutions qui sacrifient la nature à la nécessité politique, la vérité innée aux intérêts légaux, la liberté aux formules sacramentelles (1). »

Nous retrouvons là les idées de Vico ; mais ce que Vico n'avait pas fait, et ce que M. Troplong achève, c'est de montrer la justesse de ces appréciations générales par des exemples nombreux et pleins d'intérêt, pris dans la famille romaine (2), dans la propriété (3) et dans les obligations (4). Je

(1) *Influence du Christianisme*, p. 19 et 20.
(2) *Ibid.*, p. 21 et suiv.
(3) P. 30 et suiv.
(4) P. 41 et suiv.

recommande cette lecture attachante à tous ceux qui voudraient connaître dans leur vérité et dans leur sombre poésie les institutions primitives du peuple-roi. C'est un tableau achevé.

Cependant à cette première époque de violence et de matérialisme grossier succède bientôt une seconde période qui voit poindre, grandir et briller les rayons d'un astre nouveau : c'est la période philosophique. La philosophie a eu du mal à pénétrer à Rome, mais enfin elle y est entrée. Cicéron, après être allé en quelque sorte la prendre par la main dans Athènes, lui a frayé la route par ces admirables traités qui apprenaient tout ensemble aux Romains et l'existence et la langue de la philosophie. Cette grande souveraine des intelligences apportait avec elle, dans les plis de son manteau, une puissance nouvelle, l'équité, inconnue des tribunaux romains, et que M. Troplong nous présente en ces termes :

« L'équité, c'est ce que d'autres ont appelé le droit naturel ; c'est ce fonds d'idées cosmopolites qui est l'apanage commun de l'humanité ; c'est ce droit, non écrit, mais inné, que Dieu a gravé dans nos cœurs en caractères si profonds qu'il survit à toutes les altérations par lesquelles l'ignorance de l'homme peut le corrompre. L'équité donne pour base aux codes qu'elle formule la liberté et l'égalité, les sentiments de la nature, les affections spontanées de l'homme, les inspirations de la droite raison. »

Tel est l'acteur nouveau qui paraît sur la scène, à côté du vieux droit des Quirites. Il se présente avec la modestie qui sied à un nouveau venu, avec les égards dus à une longue et puissante domination. Mais sous ces apparences de réserve et de déférence se cache un dissolvant irrésistible, qui ne tardera pas à avoir raison de ce rude et vigoureux système auquel il vient s'attaquer. M. Troplong abonde en images ingénieuses et saisissantes pour nous peindre cet enlacement progressif des deux adversaires, qu'il personnifie sous des traits que chacun reconnaîtra, et nous fait vraiment assister à cette action sourde, lente, mais finalement triomphante, de l'équité sur le droit romain primitif.

« L'équité demanda sa part d'influence, dit-il, non comme une souveraine qui veut déposséder un usurpateur, mais comme une compagne qui cache sous des dehors timides ses vues de domination. Les jurisconsultes la dépeignent de préférence comme un supplément du droit qui n'a pas tout

prévu, comme un adoucissement de ses dispositions dans les cas douteux. Tandis que le droit civil représente la sévérité légale, l'équité représente
l'humanité naturelle, sans licteurs ni faisceaux.
Le premier est le sexe viril, armé du commande-
ment ; la seconde est le sexe féminin, puissant par
son caractère affectueux. Mais il ne faut pas s'y
tromper. Sous ces dehors de conciliation et de bon
ménage se cachait une antithèse redoutable pour
le droit civil ; ce qu'on voulait, au fond, c'était de
le réduire à l'impuissance tout en lui prodiguant
les témoignages de respect. Aussi le droit, depuis
l'époque de Cicéron, est-il une lutte incessante ;
les deux éléments sont aux prises. Mais le droit civil se trouve tout d'abord réduit au plus mauvais
rôle, celui de la défensive. C'est chez lui, dans ses
propres foyers, que la guerre est sourdement portée, et l'équité aspire à y réaliser l'apologue de la
lice et de sa compagne (1). »

L'équité réussit dans ce grand dessein. Sans dé-
trôner le vieux droit, elle parvint bientôt à partager

(1) *Influence du Christianisme*, p. 94, 95 et 96. — Je ferai
cependant remarquer qu'ici l'apologue semble renversé, et que
le triomphe ne fut pas au profit de ceux que le poëte appelle
« les méchants ».

sa couronne. C'est une des particularités les plus
remarquables du droit romain que, peu de temps
après son apparition, l'équité y avait conquis partout une place à côté de son antique rival. Elle avait
pris possession d'une partie de la jurisprudence ; si
bien que le droit se trouvait en quelque sorte fractionné en deux grandes provinces, qui reconnaissaient chacune un souverain légitime. Ainsi, à
côté de la parenté de la loi (*agnatio*), on avait vu
surgir la parenté naturelle (*cognatio*) ; à côté du
mariage civil, l'union naturelle ; à côté de la propriété romaine, la propriété naturelle ; à côté du
testament, le codicille ; à côté des contrats de droit
strict, les contrats de bonne foi.

C'était déjà, sans doute, un beau triomphe. Mais
il ne devait pas s'arrêter là. Bientôt, en effet,
l'équité elle-même, celle des philosophes, vit venir
à elle un auxiliaire inattendu et plus puissant
qu'elle. C'était le christianisme, qui faisait alors son
apparition dans le monde, avec ses humbles apôtres qui seront bientôt ses héroïques martyrs et cet
étendard sur lequel est écrit le grand dogme de la
fraternité humaine. Au souffle de cet esprit nouveau, la jurisprudence ancienne est poussée vers sa
troisième période, la période chrétienne, qui de-

vait être la dernière et finir avec l'antiquité elle-même.

M. Troplong fait pour le christianisme ce qu'il avait fait pour la philosophie. Il nous le montre « s'insinuant par toutes les fissures d'un édifice « chancelant, prenant graduellement la place du « vieil esprit quand il s'en va, le modifiant quand « il reste (1). » Il suit pas à pas cette influence chaque jour plus marquée, malgré les obstacles, et accélérée même par la persécution. Il constate l'action bienfaisante de ce nouveau principe sur le sort des esclaves, dont il adoucit et transforme la condition en moins d'un siècle ; — sur les mariages, où il substitue la liberté des affections naturelles aux suggestions sordides de la cupidité ; — sur les lois des secondes noces, dans lesquelles le christianisme vient stipuler l'intérêt des enfants, jusque-là méconnu ; — sur le divorce, où il lutte avec plus de peine contre le désordre et la dépravation des mœurs ; — sur la puissance paternelle, qui lui doit les principes d'humanité que les siècles suivants n'ont fait que développer ; — sur la condition des femmes, adoucie, modifiée, puis transformée par la nouvelle doctrine qui les appelle à un rôle actif pour

(1) *Influence du Christianisme*, p. 89.

les conduire à l'émancipation ; — enfin sur les successions *ab intestat*, dont le christianisme fait crouler le vieux système pour y substituer la transmission des biens suivant les affections de la famille.

C'est ainsi que, sur toutes les parties de la jurisprudence romaine, M. Troplong relève et accumule les preuves d'une amélioration, d'un adoucissement et d'un progrès dont il fait honneur à la vertu expansive du christianisme. Je sais bien que la critique, en ce dernier point, n'a pas unanimement partagé ses vues. Tout en reconnaissant la marche ascendante qu'il a signalée dans le droit romain, quelques savants ont pensé qu'elle se rattachait à d'autres influences (1). Je ne me prononcerai point sur cette controverse. Au fond, je croirais volontiers que M. Troplong est le plus près de la vérité, en admettant que l'esprit du christianisme descendit à une plus grande profondeur, qu'il pénétra jusqu'à des couches inaccessibles aux enseignements philosophiques. Car la philosophie agissait sur la raison, tandis que le christianisme agissait sur les cœurs, et *le cœur*, comme dit Pascal, *a des*

(1) M. Laferrière la rattache particulièrement au stoïcisme. V. son beau mémoire présenté à ce sujet à l'Académie des sciences morales et politiques. (*Séances et Travaux de l'Académie*, t. LI, p. 193, et t. LII, p. 6, 1860.)

raisons que la raison ne connaît point. D'ailleurs, l'opinion de M. Troplong n'est, à cet égard, ni absolue ni exclusive. Dans sa pensée, « une époque « emprunte à l'élément qui la domine le principe de « ses modifications. » Le christianisme lui a paru être l'élément qui, depuis son apparition, a dominé le monde romain : c'est pourquoi il a rattaché à ce grand centre tous les fils de la civilisation de l'époque. Cependant il accorde également à la philosophie stoïcienne, depuis Cicéron jusqu'à Sénèque, un rôle dont, à tout prendre, on peut se contenter.

Mais peu importe. Que M. Troplong ait fait ou non la part du christianisme trop belle, ce n'est pas ce qui doit nous occuper ici. La grande affaire, c'est de constater que ses études, en lui montrant dans des faits nombreux et certains la justification des axiomes de Vico, achevaient de le rattacher par des liens en quelque sorte personnels aux doctrines de la *Science nouvelle.*

CHAPITRE III

Après avoir mis les principes de Vico en présence de la jurisprudence romaine, M. Troplong
voulut poursuivre son contrôle sur le développement de notre droit national. C'est ce qu'il fit dans
une série d'articles publiés sous des titres divers
et consacrés, en apparence, à des sujets différents,
mais rattachés les uns aux autres par l'unité de la
pensée et des doctrines. On peut regretter peut-
être que ces études n'aient point été fondues dans
un travail d'ensemble, et reçu, par cette réunion,
comme le mémoire consacré à l'influence du chris-

tianisme, les soins de la dernière main. Cependant elles n'en sont pas moins remarquables par l'étendue des recherches, par l'originalité des aperçus, la vivacité de l'expression et la valeur des idées qui s'y trouvent répandues à profusion (1). Elles nous font assister à la seconde représentation d'un drame dont les péripéties et les ressorts ne nous sont pas absolument inconnus, mais qui, joué sur un autre théâtre et par d'autres acteurs,

(1) Voici les titres de ces publications :

I. *De la Nécessité de restaurer les études historiques applicables au droit français.*

II. *De l'Établissement des justices seigneuriales.*

III. *De l'Influence des légistes sur la civilisation française.*

On peut y joindre quelques articles postérieurs qui en sont le complément. Par exemple :

IV. *Traité des droits d'enregistrement,* compte rendu de l'ouvrage de MM. Championnière et Rigaud.

V. *Antiquités du droit français : féodalité, communes, coutumes, et, en particulier, coutumes du bailliage d'Amiens.*

Toutes ces études ont été publiées dans la *Revue de législation et de jurisprudence.*

Si cette liberté m'était permise, j'exprimerais le vœu de voir réunir en un volume commode à consulter ces différents articles disséminés dans un recueil devenu considérable. Tous ceux qui ont le goût des études historiques trouveraient leur avantage à cette réimpression.

retrouve une partie de sa nouveauté et conserve, pour nous surtout, le plus attachant intérêt.

C'est chose vraiment curieuse, en effet, que ce général recommencement du monde, cette évolution complète de la civilisation sur elle-même, et, pour parler comme Vico, ce « retour » dont la chute de l'Empire romain semble donner le signal. Je ne sais plus quel esprit sceptique répondait à la théorie de la perfectibilité humaine en comparant le progrès à l'ombre infortunée d'Eurydice, poursuivie à travers mille travaux jusque dans un sanctuaire impénétrable, arrachée par les efforts persévérants de l'intrépidité et du courage aux mains avares de la mort, puis soudainement ravie aussitôt qu'entrevue. Le fait est que l'on peut rencontrer dans l'histoire quelques situations qui semblent autoriser, sinon justifier, ce paradoxe de mauvaise humeur. Ainsi, nous venons d'assister au développement laborieux du droit romain. Nous l'avons vu monter, de degré en degré, vers cette sphère sereine où il devait s'allier avec la raison, l'équité et tous les nobles sentiments de l'âme humaine. Il y avait encore beaucoup à faire, sans doute, puisque la lèpre de l'esclavage n'était point guérie ; cependant la jurisprudence était sur

la route qui conduit graduellement de l'adoucissement à la suppression. Mais, au moment même où
l'aurore de ce progrès supérieur se laisse entre-
voir, le travail des siècles s'écroule :

> Jamque pedem referens casus evaserat omnes,
> Redditaque Eurydice superas veniebat ad auras,
> . . . . ibi omnis
> Effusus labor !...

Nous voici de nouveau plongés dans la nuit la
plus profonde. L'Europe gémit sous le poids d'une
avalanche de barbares; elle est couverte, comme
dit Montaigne, par *une marée d'hommes* dont les
flots roulent incessamment les uns sur les autres;
on n'entend plus que le bruit des armes et le cri
sauvage des vainqueurs; le droit, cette auguste
victime, reprend une fois encore le chemin de
l'exil, en laissant la place à toutes les violences.
L'humanité, quand elle reprend possession d'elle-
même, se réveille enlacée dans les mille liens de
la barbarie féodale; et, nouveau Sisyphe, la voilà
condamnée à soulever toujours l'éternel rocher.

En pénétrant dans cette société redevenue primitive par l'invasion, il ne faut pas nous étonner
d'y rencontrer des institutions grossières, puisqu'elle n'en peut produire ni supporter d'autres.

Ce sont les conséquences inévitables dont nous a déjà parlé Vico. M. Troplong en fait de nouveau la remarque :

« La féodalité, dit-il, est la forme politique et civile des temps barbares. Quoique, dans son essence, le droit soit un et invariable, il apparaît à l'humanité sous des formes plus ou moins claires, plus ou moins larges, suivant qu'une époque se soutient à l'état de progrès ou s'abaisse à l'état de décadence (1). Le droit ne peut rester dans son idéal ; il faut qu'il se réalise par des institutions formulées ; ces institutions empruntent leur caractère à l'esprit contemporain.

« Or, la féodalité, organisée avec des éléments barbares, ne pouvait être que la période barbare ou, comme dit Vico, la période héroïque du droit. Le barbare connaît sa force, mais il comprend à peine la raison. La force sera donc l'élément prépondérant de la société féodale, et tout l'art gouvernemental consistera, non à la vaincre (ce qui serait impossible), mais à la régler.

« La force des hommes est respectivement très-

____

(1) « Ceux qui connaissent Vico verront aisément que je ne fais qu'exprimer ici quelques-unes de ses idées sur la philosophie de l'histoire. »

inégale ; ce n'est que lorsqu'on envisage l'homme dans sa liberté et dans l'ordre moral qu'on arrive à la notion d'égalité. L'inégalité la plus impitoyable sera donc la condition de l'état féodal, qui, avant tout, tient compte de la force individuelle ; c'est au profit des intérêts aristocratiques que le droit sera exclusivement constitué. Tout sera pour les forts, pouvoir, richesse, influence ; eux seuls auront droit à la propriété ; de grands domaines seront l'apanage de grandes familles, et des troupeaux de serfs les cultiveront pour le maître (1). »

Cette théorie du droit héroïque n'est malheureusement que trop exacte ; et l'on sait que la féodalité, en particulier, semble en avoir réalisé l'idéal. Bizarre mélange de hiérarchie fortement constituée et garantie en haut et d'oppression illimitée en bas (2), elle renferme en quelque sorte deux mondes superposés, l'un dominant et l'autre dominé ; celui des seigneurs et celui du « *quemun peuple* ».

Le seigneur, c'est l'homme à la puissante ar-

(1) *Revue de législation et de jurisprudence*, t. I, p. 402.
(2) M. Guizot a très-bien exposé cet assemblage de réglementation savante dans les rapports purement féodaux des maîtres entre eux et d'arbitraire complet à l'égard des sujets. (*Essais sur l'Histoire de France*, 5ᵉ *Essai*, p. 305.)

mure, à qui tout obéit ou cède, pour qui sont faits tous les biens de ce monde, qui ne connaît que deux choses : sa volonté et sa force ; sa volonté pour faire la loi qui lui plaît, sa force pour l'imposer à qui il lui plaît. « Il est seigneur du ciel à la terre... Il a juridiction sur et sous terre, sur cou et tête, eau, vents et prairies... Il enferme ses manants sous portes et gonds... à lui la forêt chenue, l'oiseau dans l'air, le poisson dans l'eau, la bête au buisson, l'eau qui coule, la cloche qui roule (1). »

Au pied du château féodal qui abrite ce « gracieux seigneur (2) », végètent les vilains et les serfs, entre lesquels la liberté elle-même peut à peine maintenir quelque différence.

Le serf, c'est une chose « comme bêtes en parcs, poissons en réservoirs et oiseaux en cage (3) ».

(1) Formules des juridictions seigneuriales, citées par M. Michelet, *Origines du droit français*, p. 229.

M. Championnière, dans son savant livre sur la *Propriété des eaux courantes*, a recherché, avec une grande érudition, si ces pouvoirs exorbitants n'appartenaient pas au seigneur justicier, et non au seigneur féodal. Au point de vue scientifique, la distinction a certainement de l'importance, mais au point de vue politique et humain, qu'importe ?

(2) Expression des mêmes formules. M. Michelet, *loc. cit.*, p. 230.

(3) *The Myrror of justice*, cité par M. Laboulaye, *Hist. de la condition des femmes*, p. 312.

Le seigneur a sur lui droit de pleine propriété :
droit de vie et de mort (1) ; droit de le « tenir en
prison toutes les fois qu'il lui plest, soit à tort, soit
à droit, qu'il n'en est tenus à répondre, fors à
Dieu (2) ». En un mot, à cela près qu'il est attaché
à la terre, au lieu de tenir à la personne, le serf
diffère bien peu de l'esclave de l'antiquité. N'ayant
rien en propre, il ne peut rien acquérir, rien posséder, rien transmettre (3). Il fait partie du fief

(1) A la condition cependant que ce ne fût pas *sans cause*, car
« Cil qui occit son serf *sans cause* ne doit pas etre mains puni
que cil qui occit autrui serf ». (Pierre Defontaines, Append.,
ch. XVIII, n° 4, édit. Marnier, p. 503.)

Ailleurs, le seigneur peut « emprisonner, battre, châtier à
volonté ses serfs, — *sauve à eux la vie ou les membres entiers.* »
(*Myrror of just.*, *loc. cit.*)

Au surplus, il existe à ce sujet de grandes variétés entre les
diverses provinces. C'est ce qui fait dire à Beaumanoir, en parlant des serfs : « Ceste maniere de gent ne sunt pas tout d'une
condition, ançois sunt plusors conditions de servitute (ch. XLV,
art. 31). » Mais ces différences sont de fait et non de droit ;
elles tiennent à la douceur relative de tel ou tel maître, et non
à une loi plus favorable au serf. Le principe dominant partout,
c'est que le serf est une propriété ; là-dessus on peut supposer
toutes les variétés que comporte l'exercice du droit de propriété.

(2) Beaumanoir, ch. XLV, art. 31.

(3) Je m'aperçois que je vais ici un peu plus loin que M. Troplong lui-même, qui dit, en parlant du servage : « Ce n'était pas
cependant l'esclavage de l'antiquité et son inexorable logique,
qui traitait l'homme comme une chose dans le commerce,
comme un vil animal. Une transformation s'était opérée, l'es-

auquel il appartient, comme un immeuble par destination (1); rivé au sol par une chaîne que rien, pas même la fuite, ne peut briser, car il emporte avec lui la servitude « attachée à ses os (2) ».

A côté, et un peu au-dessus des serfs, se trouvent les vilains. Un peu au-dessus, parce que le vilain, ou homme de poeste, est libre de droit. Il est franć homme (3). Mais ce qui le rapproche sin-

clave était devenu serf et le droit féodal, humanisé par le christianisme, lui accordait le mariage, la paternité légitime, la famille et *certaines attributions du droit de propriété.* » (*Des Sociétés*, Préf., p. xxxviii.)

C'est, je crois, que M. Troplong n'a vu que la seconde époque du servage, celle du droit féodal *déjà humanisé*, tandis que je cherche surtout à déterminer la première pour en suivre plus facilement les adoucissements. Or, quant à la condition du serf dans cette première période, les textes me paraissent ne laisser aucun doute. Je lis, par exemple, dans Pierre Defontaines : « Et ce kon dit, toutes les coses que le vilain a sont son segneur, c'est voirs à garder. Car s'ils etoient son segneur propre, *il n'averoit nulle différence quant à ceu entre serf et vilain.* » (Ch. XIX, § 8, éd. Marnier, p. 224.) — De même, tout en constatant que dans le Beauvoisis les serfs sont traités « plus débonèrement », Beaumanoir nous atteste que « li un des serfs sunt si souget à lor segneurs, que lor sires peut penre quanqu'ils ont à mort et à vie ». (Ch. XLX, n° 31.)

(1) Guy-Coquille, sur Nivernais, *des Servitudes personnelles*, art. 6. — « Tels hommes, dit ailleurs Coquille, font portion du fonds. » *Inst. au droit français, des servitudes personnelles*, t. II, p. 56.

(2) Coquille, *loc. cit.*, t. II, p. 56.

(3) Cette franchise semble jurer avec la qualification d'homme de poeste (*potestatis*). Mais la poeste ne s'applique qu'aux biens.

gulièrement du serf, c'est qu'il est soumis, pour prix des choses qu'il tient en vilenage, à des redevances qui devraient être fixes et qui, en fait, le pressurent depuis la tête jusqu'aux pieds. Aussi bien, il est entendu que, entre le seigneur et son vilain, « il n'y a d'autre juge fors Dieu (1) » : ce qui veut dire, en bon français, que les exactions du seigneur n'ont de mesure que son caprice. Et, si l'on veut savoir avec quel sans façon il en use, rien n'en peut donner, à mon sens, une plus juste idée que la mention expresse, dans les transmissions de biens ou les inventaires des possessions seigneuriales, non-seulement des redevances dues, mais encore de celles qui peuvent être injustement arrachées : « *Quidquid justè aut injustè exigere potest* (2). » Ainsi, l'extorsion elle-même se trouve ouvertement mise dans le commerce ; elle figure au grand jour comme un article de l'actif seigneurial. Après cela, il n'y a pas besoin de demander si elle fonctionne.

Au fond, la liberté n'est donc pour le vilain qu'un privilége nominal. Plus heureux que le serf,

(1) Defontaines, ch. XIX, § 8, p. 225 ; Loisel, *Inst. cout.*, règle 202, liv. IV, tit. 3.

(2) Charte de 1102, citée par M. Championnière, *Prop. des eaux courantes*, n°ˢ 144 et 296.

il peut sans doute renoncer à la tenure qui le rattache au seigneur; mais cette ressource, qui, de
loin, nous paraît précieuse, n'est pour lui qu'un
remède imaginaire; car dans ce monde féodal, où
l'air même asservit (1), il ne peut faire un pas sans
retrouver quelque chaîne. Aussi, de même que l'on
voit, à cette étrange époque, des serfs refuser leur
affranchissement s'il ne leur est garanti dans de
bonnes conditions (2), de même on voit souvent le
vilain abdiquer, non-seulement sa tenure, mais
sa liberté même, pour venir partager avec le serf
un pain et un abri qui du moins lui sont as-
surés (3).

Telle est la société féodale dans ses éléments
constitutifs. On a beaucoup disserté sur ce régime
impitoyable; on s'est demandé comment il avait

(1) « Et encore y a il de tix (telles) terres quant un frans
hons qui n'est pas gentix hons de lignage y va manoir, et y est
residens un an et un jour, qu'il devient, soit hons, soit feme,
sers au segneur desor qui il veut estre residens. » (Beaumanoir,
ch XLV, n° 20.)

(2) M. Championnière, *Prop. des eaux courantes*, n° 295.

(3) M. Championnière (*loc. cit.*, p. 493 et 508) en cite plusieurs exemples. Il en est un notamment qui est remarquable,
en ce qu'il se serait accompli au milieu du XVIe siècle. Dumoulin, à qui il est emprunté, termine en disant : « Ces choses,
honteuses pour l'honneur de la France, se sont passées en 1556,
et je les ai vues. »

pu s'établir et surtout durer. La féodalité a ainsi servi de texte à des théories nombreuses, à quelques apologies et à beaucoup de déclamations. Les uns y ont vu le dénoûment brutal d'une lutte de races; ils ont parlé de vainqueurs et de vaincus; ils ont tout expliqué par les mots d'usurpation et de tyrannie. Avec les idées de Vico, il faudrait voir dans la féodalité une des phases naturelles et nécessaires de l'évolution humaine. C'est en ce sens qu'on a pu dire d'elle : « La longueur de son règne, la grandeur et l'originalité de ses créations, le mouvement qu'elle a imprimé pendant plusieurs siècles aux mœurs publiques, attestent que ce ne fut pas une puissance d'emprunt que celle qui s'est développée avec tant de vigueur et a si profondément affecté les intérêts les plus intimes de l'humanité. La féodalité a aussi son heure légitime et son avénement nécessaire dans le circuit que parcourt la civilisation (1). »

Je ne rentrerai point dans cette arène. Mais à côté de ces graves considérations qui touchent à la philosophie générale de l'histoire, je ne puis m'empêcher de signaler, au sein de cette grande per-

(1) M. Troplong, *Antiquités du droit français*, article sur les *Cout. du bailliage d'Amiens*, *Rev. de législation*, 1846, t. Ier, p. 8 et 9.

turbation sociale, le côté réel et pratique, qui est de tous les temps parce qu'il est essentiellement humain.

Songeons, en effet, que la féodalité, quand elle a pris possession de l'Europe, présentait aux peuples l'immense mérite d'être la seule ressource du moment. Le désordre était effroyable, la souveraineté de droit inconnue; l'autorité à qui pouvait la prendre, c'est-à-dire au plus fort et au plus hardi. Il n'y a donc pas absolument à s'étonner que l'instinct de la conservation ait poussé les populations à se rapprocher, à se ramasser, pour ainsi dire, en petits groupes, et à s'abandonner à qui semblait le mieux en mesure de les préserver. On se donnait un maître pour avoir un protecteur; quelquefois même on se vendait pour ne pas mourir de faim. Les documents du temps nous attestent ces tristes nécessités. Écoutons Beaumanoir : « Servitudes de cors, dit-il, si sont venues en mout de manières (1) : les unes porce qu'anciennement on semonnoit ses sougès por les os (armées) et por les batailles... Et la tierce manière si fu par vente : si come quant aucun caoit (tombait) en povreté et il disoit à aucun segneur : Vous me donrez tant et je devenrai vostre

(1) Beaumanoir en compte jusqu'à six.

hons de cors. Et aucune fois le devenoient-ils par lor propre don, por estre garanti des autres segneurs ou d'aucunes haines c'on avoit à eus (1). »

Le régime féodal s'organisa donc non-seulement sans résistance, *nullo adversante*, comme le dit Tacite d'un autre gouvernement, mais encore avec le concours très-actif de tout le monde. M. Michelet nous le dit : « Rien de plus populaire que la féodalité à sa naissance (2). » Et pourquoi le fut-elle ? Ce n'est pas, à coup sûr, par la douceur de ses procédés ; mais elle fut populaire parce qu'elle apportait à des populations accablées un bien dont elles étaient affamées, je veux dire l'ordre et la sécurité, moins que cela, l'espérance de l'ordre et de la sécurité. C'est que les sociétés ont un instinct que la fermeté stoïcienne peut blâmer, mais dont la puissance est aussi irrécusable qu'irrésistible. On a dit du despotisme : « Comme il cause à la nature humaine des maux effroyables, le mal même qui le limite est un bien (3). » Les sociétés en pensent tout autant de l'anarchie, celui de tous les despotismes auquel elles s'accoutument le moins. Les

(1) *Les Coutumes de Beauvoisis* (éd. Beugnot), ch. XLVIII, n° 19.

(2) *Hist. de France*, t. Ier, p. 408.

(3) Montesquieu, *Esprit des Lois*, liv. II, ch. 4.

seigneurs féodaux ne furent donc point usurpateurs, par l'excellente raison qu'on ne leur laissa rien à usurper; on était trop heureux de se jeter dans leurs bras pour vivre à l'abri de leur épée. Sachons au moins recueillir, dans ces tristes annales, ce pénible mais infaillible enseignement que, pour se sauver du désordre, l'humanité ne recule devant aucun abaissement :

> ... Magnum documentum, ne patriam rem
> Perdere quis velit !

Maintenant, voici ce qu'il convient aussi d'ajouter : c'est que les sociétés ne se donnent jamais sans retour. Ces remèdes extrêmes leur deviennent intolérables dès qu'ils ne sont plus nécessaires. La crise une fois passée, le malade s'empresse de les repousser, tandis que le médecin persiste quelquefois à vouloir les appliquer (1). L'abîme se creuse

(1) L'apologue a saisi et reproduit cette vérité sous toutes les formes, car elle est de tous les temps. Lorsque le cheval voulut se venger du cerf, il trouva bon de se placer lui-même sous le joug du cavalier; mais aussi, quand sa vengeance fut satisfaite et qu'il prétendit retourner librement à ses gras pâturages, il reçut de son vengeur la réponse que tout le monde a lue dans La Fontaine, et que les fabliaux du moyen âge accentuaient plus vivement encore, dans le sens du contrat formé qui

ainsi de plus en plus, jusqu'au moment du cataclysme. On a vu, dans d'autres temps, des pouvoirs bien avisés conjurer le péril en sachant obéir à ces fluctuations de l'opinion et du besoin public ; mais cette prudence est rare, parce qu'elle est le triomphe de la raison sur l'égoïsme, et c'est le plus souvent sur le versant opposé que glisse l'esprit des hommes (1).

La féodalité n'en fit pas d'autres. De protectrice, elle devint onéreuse, puis tyrannique. Elle renferma sa politique dure et odieuse dans cette maxime qui est devenue un des proverbes de sa jurisprudence :

> Oignez vilain, il vous poindra :
> Poignez vilain, il vous oindra (2).

était la base du régime féodal. C'est à ce titre surtout que je la signale :

> Aler ne te lairai,
> Dist li hom, par ma foy ;
> *Car à moi t'es soumis :*
> Mais tant come vivras
> Tous dis (toujours) me serviras
> De gré ou a ennuis.
>
> (Ysopet II, fable XXV.)

(1) « C'est la nature des hommes courageux de sacrifier le moins qu'ils peuvent de ce qu'ils ont acquis par leur courage, et seulement autant qu'il est nécessaire pour conserver le reste.» (Vico, t. II, p. 123.)

(2) Loisel, *Inst. coutumières*, liv. Ier, règle 31, éd. Dupin et Laboulaye, t. Ier, p. 69.

Si bien qu'il vint un jour (et il ne pouvait manquer d'arriver) où le menu peuple, succombant sous le fardeau de ces tyrannies échafaudées sur sa tête, fit entendre les gémissements de la fatigue et du désespoir, dont la poésie du temps doublait encore la puissance, en leur prêtant son rhythme et sa passion.

« Les seigneurs, disait-il, ne nous font que du mal ; nous ne pouvons avoir d'eux ni raison, ni droit, ni justice ; chaque jour ne nous apporte que douleur, peine et misère ; jamais une heure de paix ! Pourquoi nous laisser ainsi opprimer ? Mettons-nous hors de leur pouvoir. Nous sommes des hommes comme eux ; nous avons les mêmes membres, la même taille, la même force pour souffrir. Il ne nous faut qu'un peu de cœur. Jurons donc par serment de défendre nous et nos biens ; tenons-nous tous ensemble. S'ils veulent combattre, nous sommes trente ou quarante paysans contre un seul chevalier... Manquons-nous de massues, de pieux, de flèches, de leviers, d'arcs, de haches, de fourches ou de pierres, à défaut d'autres armes (1) ? »

(1)   Seingnur ne lur font se mal nun
         Ne poent aveir od els raisun
         Ne lur gaainz ne lur laburs

Quand on entend ces accents enflammés, les révoltes sont proches. Aussi le moyen âge en est plein. On pille, on brûle, on tue... Mais après ces fureurs intermittentes, le vilain retombe épuisé et mieux enchainé que jamais (1). Ses luttes ne pouvaient

> Chescun sur vunt a grant dolurs
> En paine sunt et en ahan...
> Ne poent une heure aveire paiz...
> Pur kei nus laissum damagier?
> Metum nus for de lor dangier;
> Nus sumes homes cum il sunt;
> Tex membres avum cum il unt;
> Et altresi granz cors avum,
> Et altretant sofrir poum;
> Ne nus faut cuer sulement.
> Alium nus par serement,
> Nos aveir e nus defendum
> E tuit ensemble nus tenum;
> E se nus voilent guerréier
> Bien avum cuntre un chevalier
> Trente u quarante paizans
> Maniables à cumbattans...
> A machues è a grant peus
> As sajettes et as tineux,
> As arcs, as haches, as gisarmes
> E as pierres ki n'ara armes...

(Roman de Rou, éd. Pluquet, t. 1er, v. 5093 et suiv.)

(1) Témoin ce passage de Guillaume de Jumiéges, cité par M. Guizot (*Hist. de la civil. en France*, t. IV, p. 11) à propos d'une révolte de paysans normands en 997 :

« Lorsque le duc (Richard) apprit ces choses, il envoya aussitôt vers eux le comte Rodolphe avec une multitude de soldats, pour comprimer aussitôt cette férocité agreste et dissiper cette

être fécondes que dans le champ pacifique du droit
et de la justice ; et il fallait à sa résistance, pour la
rendre victorieuse, l'appui d'une stratégie habile,
patiente, méthodique et persévérante. Le rôle des
légistes va commencer.

« L'esprit légiste, dit M. Troplong (et je me sers,
ajoute-t-il, de cette expression, souvent prise en
mauvaise part, pour la réhabiliter), l'esprit légiste
fit son apparition dans l'Europe moderne pour arracher les hommes à la barbarie féodale ; là a commencé sa laborieuse mission. L'origine est belle et
les lettres de noblesse sont de bon aloi (1). »

Mais qu'était-ce que ces légistes ? Comment s'é-

assemblée rustique. Celui-ci, ne tardant point à obéir, s'empara
de tous les envoyés et de plusieurs autres, et, leur ayant fait
couper les mains et les pieds, il les renvoya hors de service
aux leurs, afin qu'ils les détournassent de pareilles choses, et
que, par leur expérience, ils les rendissent prudents, de peur
qu'il ne leur arrivât pire. Les paysans, instruits de la sorte, et
renonçant sur-le-champ à leurs assemblées, retournèrent à leurs
charrues. »

Ils n'y retournèrent pas irrévocablement, ajoute M. Guizot,
car trente-sept ans après, en 1034, sur les confins de la Nor-
mandie, en Bretagne, « les paysans soulevés se rassemblèrent
contre leurs seigneurs ; mais les nobles, s'étant joints au comte
Alain, envahirent les champs des paysans et les tuèrent, disper-
sèrent, poursuivirent, car les paysans étaient venus au combat
sans armes et sans chef. » (*Vie de saint Gildas.*)

(1) *Rev. de législation*, t. Ier, p. 401.

tait formée cette vaillante milice qui allait entrer en lutte contre le colosse féodal et le renverser?

C'est vers le commencement du XIIᵉ siècle qu'on la voit apparaître. Le bruit s'était répandu alors que, sous le ciel fortuné de l'Italie, son ciel natal, la jurisprudence avait trouvé un interprète qui enseignait le droit romain. A cette nouvelle, un petit nombre d'hommes résolus avaient passé les monts pour aller apprendre cette science des lois d'autant plus inconnue qu'on en avait plus besoin. Arrivés à Bologne, ils avaient trouvé Irnerius, celui qu'on a appelé le flambeau de la jurisprudence (1), faisant des lectures publiques du Digeste, qu'il accompagnait de quelques gloses rapides et sommaires. C'était un enseignement bien modeste; mais c'était beaucoup pour des gens qui ne savaient rien. D'ailleurs il n'en fallait pas davantage à ces esprits neufs et ardents pour saisir avidement ces grandes vérités morales que le droit romain avait empruntées à la philosophie stoïcienne, et que ses jurisconsultes avaient revêtues de cette forme lapidaire qui les a pour jamais gravées dans la mémoire des hommes. Il faudrait

____

(1) *Lucerna Juris.* — M. de Savigny, *Hist. du droit romain au moyen âge*, t. IV, introd., p. 13.

n'avoir jamais souffert dans sa foi, dans ses affections ou dans sa liberté, pour ne pas comprendre la vive et salutaire secousse que ces hommes, tous meurtris des chaînes féodales, devaient ressentir en entendant proclamer, par ces oracles dont la majesté du nom romain grandissait encore la pensée, que la liberté est de droit naturel (1) et d'un prix inestimable (2); que tous les hommes sont égaux (3); que l'esclavage a été établi contre le vœu de la nature (4); que la loi civile, si puissante qu'elle soit, ne peut ni détruire ni affaiblir les droits qui dérivent de la nature humaine (5).

Ces maximes, et bien d'autres, n'avaient pas besoin de longs commentaires pour pénétrer dans des cœurs opprimés et faire vibrer tout ce qu'il y a de sensible dans les profondeurs de l'âme humaine. Elles y jetaient ce sentiment vif de l'injustice qui est, selon Herder, la première et la der-

---

(1) Libertas est naturalis facultas..... (L. 4, Dig. *de stat. hom.*)

(2) Libertas inæstimabilis res est. (106. Dig. *de Reg. jur.*)

(3) Quod ad jus naturale attinet, omnes homines æquales sunt. (L. 32, Dig. *de Reg. jur.*)

(4) Servitus est constitutio juris gentium qua quis domino alieno contra naturam subjicitur. (L. 4, § 1, Dig. *de statu hom.*)

(5) Civilis ratio naturalia jura corrumpere non potest. (L. 8, Dig. *de cap. min.*)

Voyez M. Troplong, *Rev. législat.*, t. I, p. 407.

nière puissance de l'affranchissement (1). Aussi, quand ils revinrent en France porteurs de cette précieuse semence, avec le prestige d'une science acquise au loin, les auditeurs d'Irnerius n'eurent-ils rien de plus pressé que de la faire fructifier. A l'exemple de Bologne, ils fondèrent des écoles où accourait une foule avide de partager leur savoir. Après avoir eu ses pèlerins, la science du droit renaissante eut ainsi ses apôtres, puis ses disciples.

C'est alors que commença entre les chevaliers de l'épée et ceux qu'on appelait les *chevaliers ès lois* (2) un duel à mort qui rappelle cette étrange guerre dont parle Pascal, entre la violence et la vérité. Les premiers avaient pour eux la force matérielle, la puissance des armes, l'autorité d'une domination établie ; les seconds n'avaient pour auxiliaires qu'un seul mot, mais un mot invincible : le droit !... Car, suivant la juste réflexion de M. Troplong, « la puissance du droit est grande

(1) *Philos. de l'hist. de l'humanité*, liv. XV, chap. 1er (éd Quinet, t. I, p. 98).

(2) « Car tout ainsi comme les chevaliers sont tenus de combattre pour le droit et l'épée, ainsi sont tenus les avocats de soutenir le droit de leur pratique et science, *et pour ce sont-ils appelés chevaliers ès loix.* » (*Assises de Jérusalem*, éd. Beugnot, ch. XIV, p. 39.)

partout, mais surtout en France, pays de sens juste et positif, où l'amour du beau parler n'a jamais étouffé l'amour de ce qui est ou paraît rationnel (1). »

Je ne puis ni ne veux entrer dans les détails, fort intéressants mais démesurés, de cette longue lutte. Même après les articles de M. Troplong, qui ne sont que de brillantes esquisses, et malgré des travaux postérieurs plus étendus, il y a encore beaucoup à faire pour en relater tous les incidents et rallier à un point central tous les engagements partiels qui en forment les épisodes. Ce sera l'œuvre du temps. Je voudrais seulement, en continuant à butiner çà et là dans les études qui m'occupent, et en y joignant au besoin mes propres recherches, préciser ce qui me paraît avoir été le plan général de cette grande bataille.

On n'oublie pas, en effet, que la féodalité embrassait dans son vaste réseau à la fois les hommes et les choses qui couvraient le sol de la France. Or, ce régime n'était pas seulement un fait ; il avait pour soutien un système de droit qu'il avait engendré, système très-complet et très-fortement constitué, qui formait le droit féodal. C'était contre

(1) *Rev. de législation*, t. II, p. 9.

cet ensemble de puissances réunies, le fait établi et le droit existant, que les légistes venaient lever l'étendard de la révolte, en prenant comme base d'opérations le droit rationnel formulé pour eux dans les livres du droit romain. C'était certes beaucoup oser ; mais n'étant pas les plus forts, ils durent se montrer les plus habiles. C'est pourquoi, procédant à la façon des guerriers lorsqu'ils font le siége d'une place forte, on les voit commencer d'abord par investir et isoler celle qu'ils voulaient ruiner. Ainsi, sans méconnaître le droit féodal, ce qui eût été impossible, ils s'efforcent avant tout de délimiter son domaine, et l'on devine facilement que ce n'est pas pour l'étendre. Ils proclament donc qu'il existe deux droits, savoir : le droit écrit, c'est-à-dire le droit romain, qui est le droit commun, le droit général, le droit de tout le monde ; puis le droit féodal, qui n'est qu'un droit exceptionnel et local, c'est-à-dire, pour employer leur énergique expression , « *le droit hayneux* (1). »

(1) « Droit haineux est le droit qui, par coutume du pays, est contraire au droit écrit. » (Bouteiller, tit. 1er.)

« Ès pays coutumiers, les coutumes qui sont contraires au droit escript, gastent et détruisent le droit, et sont appelées hayneux droit, et quand la coutume s'accorde au droit escrit, l'on le dit droit commun. » *Grand Coutumier de Charles VI*, liv. II, ch. 1er.

Cette grande division une fois établie, les conséquences découlaient naturellement. Le droit romain les fournissait lui-même, en enseignant que ce qui est exceptionnel est défavorable et que ce qui est défavorable ne doit jamais être étendu ; toutes choses que les glossateurs avaient, selon leur coutume, résumées dans une formule brève, claire et portative : *odia restringenda*. Avec ces prémisses, les légistes, animés de ce que l'on a appelé l'instinct de leur profession, c'est-à-dire « cet esprit de logique intrépide qui poursuit, de conséquence en conséquence, l'application d'un principe (1) », les légistes se trouvaient conduits à resserrer le droit féodal dans ses plus strictes limites, à refouler ses envahissements lorsqu'il voulait s'étendre, et à le maintenir vigoureusement en deçà des retranchements dans lesquels ils l'avaient enfermé. On peut croire qu'ils n'y ont pas manqué.

En même temps, et par un mouvement parallèle, ils ne manquaient pas non plus de pénétrer et de s'établir fortement au sein du monde roturier, dont l'accès leur était librement ouvert. Dans le midi de

---

(1) M. Augustin Thierry, *Hist. du tiers état*, t. I, ch. 2, p. 40.

la France, leur action était facile ; ils se bornaient à raviver les souvenirs du droit romain que l'invasion n'avait point complétement éteints. Dans le nord, dont les mœurs avaient été plus profondément remuées, des usages nouveaux, sortant spontanément des habitudes journalières, se dégageaient peu à peu du milieu le plus obscur de la société et prenaient pied dans la vie populaire. C'était le droit coutumier de la France qui naissait sous le chaume ; première et rustique ébauche de tous les principes qui nous sont chers : les droits de famille, l'égalité des partages, la communauté de biens entre époux. Les légistes, laissant grandir sans le contrarier ce développement libre et indigène du droit naturel, se contentaient de guider ses pas encore incertains par de bons conseils (1), de lui présenter les lois écrites comme un soutien

---

(1) Quoi de plus sage, par exemple, que ce passage de Defontaines sur l'usage de la liberté de tester :

« Ce puez-tu entendre par nostre usage quant li homms n'a riens for meubles ou conquez qu'il puet tout lessier à qui qu'il vorra par la coutume du pais : s'il a enfanz qui rien n'ont s'il ne donne ou laisse, ou père ou mère d'autretel manière, s'il, en ces cas, laisse tous ses biens à un étranger, il ne fet pas son testament selonc l'office de pitié ; car qui doit-il mieux lessier, je ne dis pas rendre, que à ses enfanz et à son père et à sa mère, puisqu'il en ont grant mestier. » (*Conseil à son ami*, éd. Marnier, ch. XXXIII, § 3, p. 380.)

dont il devait rechercher l'alliance (1), et, au besoin, comme un frein nécessaire aux écarts de son inexpérience (2).

Mais ce n'était là qu'un commencement. Car il ne suffisait pas aux légistes d'envelopper la forteresse féodale; il leur fallait y pénétrer. Or, pour peu qu'on suive avec attention les traces qui nous restent de leurs efforts, on constate qu'ils parvinrent à leur but par la même voie qu'avaient déjà suivie les partisans de l'équité, lorsqu'ils cherchaient à l'infiltrer dans le vieux droit romain; je veux dire en présentant leurs idées simplement, modestement, sans annoncer le dessein de tout bouleverser, mais avec la modération et le sentiment pratique du possible, ce qui n'exclut chez eux ni la perspicacité qui sait découvrir le point vulnérable, ni l'à-propos qui sait choisir l'argument opportun, ni surtout la ténacité et la patience

(1) « Molt doit-on aimer l'usage et fermement tenir qui s'accorde à lois escrites ; car plus seurement ne puet nus juger. » (Defontaines, éd. Marnier, ch. XV, § 14, p. 121.)

(2) « Nos devons savoir que coutume ne vaut en nul tems contre le droit naturel, dont il avient que les coutumes mal ajointes, ce est mal fetes, ne sont confirmées en nul tems. Et en tel cas, plus est la coutume vies (vieille), de tant elle est plus parverse et plus périlleuse. » (*Ibid.*, append., ch. XIII, n° 8, p. 494.)

qui sont toujours les grands leviers de la vérité.

Ainsi, voyez leur langage au sujet des serfs et des gens de mainmorte. Comme je l'ai dit, ce sont des choses; le fruit de leur travail aussi bien que leur personne est la propriété absolue de leur maître. D'après le droit existant, c'est une vérité indiscutable. Aussi les légistes se postent sur un autre terrain. Ils ne parlent au seigneur ni du respect de la liberté humaine, ni du droit des serfs, langage qui serait pour le temps une impertinence et pour leur cause un danger; mais ils lui parlent un peu de pitié (1) et beaucoup de son propre intérêt. Ils lui disent qu'il y a pour lui-même avantage à traiter les serfs « plus débonèrement; » qu'il y a des coutumes où les serfs « peuvent perdre et gaaigner par marcandise qu'ils aquièrent à grief paine et à grant travail »; que le seigneur lui-même en profite, car les serfs « aquièrent plus voluntiers, par quoi les mortes mains et les formariages sont plus grant quant ils échoient. » Ils ajoutent que là, au contraire, où la coutume est moins « cortoise envers les sers », là où les sei-

(1) « Plusieurs cas avienent souvent esquels il est grant mestiers que li segneur soient piteus et misericors et qu'il n'uevrent pas tos jors selonc rigueur de droit. » (Beaumanoir, éd. Beugnot, t. II, p. 483, n° 1.)

gneurs les dépouillent chaque jour de leur gain quotidien, les serfs à leur tour ne cherchent à gagner que leur vie. Et, pour couronner leur démonstration par un aphorisme irréfutable, ils disent très-sensément, avec un proverbe du temps : « Qui à une fois escorche, ni deux ni trois ne tond (1). »

On ne peut pas se montrer moins exigeant. Mais laissez faire : c'est un gland qui deviendra chêne. Pouvoir « gaaigner par marcandise », c'est pour le serf l'aurore de l'existence civile ; sa personnalité commence ainsi à se détacher du milieu qui l'absorbait. Grâce à cette tolérance, il amassera de quoi payer sa liberté. Il deviendra d'abord *serf abonné*, c'est-à-dire soumis à une redevance fixe, mais annuelle; puis la redevance périodique sera elle-même remplacée par un prix de rachat qui consommera l'entier affranchissement. Ce dénoûment est bien loin encore; mais déjà l'on peut dire que les légistes le montrent du doigt lorsqu'ils écrivent : « Selonc le droit naturel, chacun est frans, mes cele naturele francize est corrumpue (2). » Ils le hâtent du moins de tous leurs

(1) Tout ce passage n'est que l'analyse de Beaumanoir, ch. XLV, n⁰ˢ 36 et 37.

(2) Beaumanoir, éd. Beugnot, ch. XLV, n⁰ 20. Et ailleurs : « Comment que plusieurs estat de gent soient

vœux, ils l'encouragent de toutes leurs paroles (1) ; et lorsque le jour du triomphe arrivera pour leurs idées, c'est avec leurs propres expressions que l'on justifiera les ordonnances d'affranchissement (2).

maintenant, voirs est que el commencement tous furent franc et d'une meime francize ; car chacun set que nous descendimes tous d'un père et d'une mère. » (Beaumanoir, ch. XLV, n° 32.)

(1) « Grant aumosne fet li sire qui oste de servitude et met en francize, car c'est grans maus quant un crétiens est de serve condition. » (Beaumanoir, *loc. cit.*, n° 32.)

(2) Voyez, par exemple, le préambule de l'ordonnance de 1311, par laquelle Philippe le Bel affranchit les serfs du Valois : « Attendu que toute créature humaine qui est formée à l'image de notre Seigneur doit généralement être franche par droit naturel, et comme en aucuns pays cette liberté naturelle est si effacée par la servitude que les hommes et les femmes qui les habitent sont considérés comme morts, et ne peuvent disposer, à la fin de leur douloureuse et chetive vie, des biens que Dieu leur a prêtés en ce siecle, etc., etc. »

On connaît aussi les belles paroles de l'édit de 1315, par lequel Louis X abolit le servage dans ses domaines :

« Comme, selon le droit de nature, chacun doit naistre franc, et par aucuns usages et coutumes, qui de grant ancienneté ont été introduites et gardées, moult de nostre commun peuple soient enchénés en lien de servitude et de diverses conditions, qui moult nous déplait : nous, considérant que nostre royaume est dit et nommé le royaume des francs, et voullants que la chose en vérité soit accordant au nom... avons ordené et ordenons que généraument par tout nostre royaume... franchise soit donnée à bonnes et convenables conditions..., et pour ce, que les autres seigneurs qui ont hommes de corps preignent exemple à nous, de eux ramener à franchise... » M. Guizot a donné le texte entier de cet admirable édit (*Hist. de la civil. en France*, t. IV, p. 19, 8me leçon), dans lequel il est impossible de ne pas reconnaître et les idées et la plume des légistes.

En passant des serfs aux vilains, les légistes rencontrèrent d'autres difficultés et surent aussi trouver d'autres arguments. Pour le vilain, en effet, on peut parler de droit, car son droit est reconnu en principe. Il est assujetti à des redevances déterminées, mais il ne doit rien au delà. Ce qui lui manque, c'est un juge pour faire respecter cette limite; limite toujours franchie, puisque l'exaction n'a « d'autre juge, fors Dieu ». Cependant les légistes ne se tiennent pas pour battus. Ils en appellent à Dieu lui-même; ils agitent au milieu de ce monde superstitieux les terreurs du châtiment éternel. Écoutons Pierre Defontaines dans les *Conseils à son ami* :

« Saches bien que, selon Dieu, tu n'as point plenière poesté (puissance) sur ton vilain : dont si tu prens du sien fors les droites redevances k'il te doit, *tu les prens contre Dieu et sur le péril de t'âme, come robierres* (voleur) (1). »

Et ce ne sont pas là de vaines paroles. Car, sous le coup de ces menaces, on voit alors les mourants songer au péril de leur âme, ordonner des restitutions et imposer à leurs héritiers ce qu'ils n'ont

(1) Defontaine, éd. Marnier, ch. XIX, § 8, p. 224.

point fait eux-mêmes (1). Quelques-uns même n'attendent point leur dernier moment ; ils renoncent en pleine santé à toute perception injuste, fixent absolument les redevances coutumières et promettent de n'en plus exiger d'autres (2).

Il est d'ailleurs superflu d'ajouter que l'action et l'assistance des légistes, embrassant toute la société féodale, se portaient partout où ceux dont ils avaient pris la tutelle se trouvaient menacés ou opprimés. C'est ainsi qu'ils travaillaient dès lors à affranchir la femme plébéienne des droits prélevés sur sa jeunesse et sa beauté, et que, grâce à leurs efforts, on verra bientôt disparaître cette servitude honteuse que l'on a justement appelée « l'esclavage de la chair (3) ». En un mot, comme le remarque M. Troplong, « les légistes prennent

(1) Voyez le testament du dauphin Humbert, cité par M. Championnière, *Prop. des eaux courantes*, nᵒˢ 300 et 306.

(2) Je renvoie encore pour les exemples à l'inépuisable ouvrage de M. Championnière, nᵒ 305. On y verra notamment la comtesse de Champagne disant, dans une convention faite en 1200 : « *Nec aliquid amplius ab eis per vim extorquebo.* »

(3) M. Troplong, *Rev. de législation*, t. 1, p. 415.
On sait que, de nos jours, quelques écrivains ont cherché à mettre en doute l'existence de cette prérogative, qui a conservé dans la langue usuelle le nom de « *Droit du Seigneur.* » Je renvoie ceux qui doutent à l'art. 17 de la coutume de Drucat, publiée par M. Bouthors dans ses *Coutumes locales du bailliage d'Amiens* (t. Iᵉʳ, p. 484).

pour ainsi dire par la main cette classe roturière qui ne connaît que l'opprobre et qu'exploite à merci la féodalité; ils l'élèvent progressivement au sentiment de son importance et de sa valeur morale; ils font pénétrer en elle, ainsi que dans l'esprit de ses dominateurs, des idées d'égalité, de bienveillance et d'humanité, baume réparateur que la civilisation verse sur les blessures du corps social (1). »

Voilà déjà bien des détails. Je ne voudrais pas les prolonger outre mesure, car ils m'éloignent de mon but principal; mais quand on a mis une fois le pied dans ces antiquités de notre histoire, on ne peut plus s'en arracher. Que ce soit donc mon excuse pour parler encore un instant d'une autre conquête des légistes qui nous apparaît ici comme le naturel couronnement de toutes les autres : la conquête de la justice.

Dans le pur droit féodal, la justice, comme tout le reste, appartenait aux seigneurs. Elle était la conséquence de leur propriété : « Chacun ès barons, si est souverain en sa baronie, baron si a toutes justices en sa terre (2). » Non cependant qu'ils

<hr>

(1) *Rev. de législation*, t. I, p. 415.
(2) Beaumanoir, éd. Beugnot, ch. XXXIV, n° 41.

dussent la rendre eux-mêmes, mais ils devaient la procurer à leurs vassaux, en les faisant juger par leurs pairs (1). Seulement, il arrivait fréquemment ou que la justice n'était pas rendue, ou qu'elle l'était mal. Dans le premier cas, le vassal pouvait former contre son seigneur une plainte en *défault de droit*; dans le second, il se plaignait en *faux jugement*. Ces plaintes pouvaient être portées au seigneur suzerain, sauf à rencontrer auprès de lui le même genre de succès.

Un pareil système ne pouvait plaire aux légistes, qui tenaient avec la loi écrite que « on doit trover débonaire celui qui le droit rend, quant on l'en requiert (2) ». Il ne plaisait pas davantage à saint Louis, qui voulait que « l'on feist bonne justice et roide, et qui n'épargnat plus le riche home que

(1) Cette obligation, pour les vassaux, d'assister le seigneur en sa cour, était une des conditions de leur hommage. Un vieux poëte français, cité par Charondas (liv. 2, ch. III. p. 177), l'a exprimée en vers :

> Et le vavasseur, quand son sire
> Le semond pour justice dire
> Doit aller ès plaids promptement
> Et n'en issir soudainement.

V. aussi M. Guizot, *Hist. de la civil.*, t. IV, leç. 10 et 11.

(2) Defontaines, ch. XI, § 1er, éd. Marnier, p. 58.

le pauvre (1). » Mais encore fallait-il trouver le moyen de pénétrer sur un domaine qui semblait inaccessible.

Les légistes y parvinrent cependant en lançant leur fameuse maxime que « le roy est souverain fieffeux du royaume ». Car la conséquence naturelle de ce principe était que « toute laie juridiction du roïaume est tenue du roi en fief et arrière-fief (2). » Par là, le roi se trouvait nécessairement saisi, comme suzerain supérieur, de tous les appels auxquels pouvaient donner lieu les décisions seigneuriales : « et por ce, ajoute Beaumanoir, pot on venir en se cort, par voie de défaute de droit ou de faux jugement quant cil qui de li tienent n'en font ce qu'il doivent (3). » Ainsi s'établit, non sans résistance (4), ce qu'on a appelé le *droit de ressort*, qui fut, contre les justices seigneuriales, l'instrument décisif d'une révolution fondamentale (5).

<hr>

(1) Joinville, p. 149, cité par M. Guizot, *Civil. en France*, t. IV, p. 159.

(2) Beaumanoir, ch. XI, art. 12, éd. Beugnot, t. I, p. 163.

(3) *Cout. de Beauvoisis, loc. cit.*, p. 163.

(4) M. Troplong en cite quelques exemples, notamment celui du comte d'Anjou, frère de saint Louis, qui fit mettre en prison un gentilhomme son vassal, parce qu'il avait osé appeler de son jugement à la cour du roi. (*Rev. de législ.*, t. II, p. 16.)

(5) M. Guizot, *Civil. en France*, t. IV, p. 152.

La royauté, en effet, se trouvant investie du droit de juger, se mit en devoir de l'exercer. Elle le confia, selon l'usage féodal, à ses barons, mais en leur adjoignant des clercs-rapporteurs sachant lire (1), pour les guider dans ces fonctions, dont l'importance allait grandir chaque jour. Elle plaçait ainsi côte à côte, non sur le même siége (2), mais dans la même enceinte et en présence des mêmes devoirs, les hommes de loi et les hommes d'épée.

Il est clair qu'ils ne pouvaient s'entendre. Pour les barons, la justice était tout entière dans le combat judiciaire, ce qui leur demandait « très-peu

(1) M. Mignet, *Formation politique de la France*, p. 185.

Sachant lire! c'est peut-être augmenter l'ignorance des seigneurs, mais on peut dire certainement : « sachant écrire. » C'était une formule consacrée dans les actes passés par les nobles : « *Ledit seigneur a déclaré ne savoir pas écrire, attendu sa qualité de gentilhomme.* »

Les rois eux-mêmes n'en savaient pas toujours davantage. Les diplômes de Withfred, roi de Kent, étaient signés d'une croix précédée de ces mots : « Ego Withefredus, rex Cantiæ, omnia supra scripta confirmavi atque a me dictata propria manu signum sanctæ crucis, *pro ignorantiá litterarum,* expressi. »

V. à ce sujet *Considérations sur le développement de la preuve littérale,* par M. Derome, *Revue historique du droit français et étranger,* t. III, p. 26.

(2) Saint-Simon en fait la remarque. Les clercs étaient « assis sur le marche-pied du banc sur lequel les pairs et les hauts

de suffisance (1) ». Pour les légistes, ce moyen de preuve commençait à paraître une « folie (2) » ; il n'y fallait recourir qu'à défaut de tout autre : « bataille n'a mie lieu ou justice a mesure (3). » Sous leur inspiration, saint Louis l'avait aboli dans ses domaines (4) en proclamant que « bataille n'est pas voie de droit (5) ». Il ne fallait donc pas songer à le perpétuer dans sa cour. Mais, d'autre part, quand les légistes invoquaient les formes de la procédure écrite et ces maximes de la justice civile « qui terminent les controverses par la raison (6) », ils parlaient un langage auquel leurs braves collègues n'entendaient rien. Les barons n'y voyaient, pour tout dire, que chicane et pédanterie. Bref, ils furent bien vite fatigués d'un tournoi dans lequel ils étaient toujours battus, et, pour ne pas

barons se plaçaient, pour donner à ceux-ci la faculté de consulter les légistes sans se déplacer. »

On a appelé ces assesseurs des *conseillers-souffleurs*.

(1) Montesquieu, *Esprit des Lois*, liv. 28, ch. 19 et 42.

(2) Defontaine, ch. 15, § 27, édit. Marnier, p. 127.

(3) *Ibid.* § 28, p. 127.

(4) *Rec. des ordonnances*, t. I, p. 86-93 ; M. Guizot, *Civil. en France*, leç. 14, t. IV, p. 149.

(5) *Le Confesseur de la reine Marguerite*, p. 379 et 380, cité par M. Troplong, *Rev. de législ.*, t. I, p. 410.

(6) M. Troplong, *Rev. de législation*, t. I, p. 405.

changer leurs épées en écritoires (1), ils prirent le parti de s'en aller.

« C'est à ce que je crois, dit à ce sujet M. Troplong, la première émigration de l'aristocratie. Celle-ci ne lui porta pas bonheur, car la mort des institutions judiciaires de la féodalité la suivit de près. Les parlements s'élevèrent sur leurs ruines, et l'administration de la justice tomba définitivement dans la main des légistes, classe nouvelle, recrutée dans la bourgeoisie, et l'une des sources les plus actives de son agrandissement...; grande révolution obtenue (le dirons-nous?) par du latin et des questions de procédure; car, il faut le reconnaître, c'est par ces formes judiciaires qu'un langage superbe a appelées depuis *la paperasserie*, que la justice a échappé à la féodalité et que la bourgeoisie s'est fait jour dans le gouvernement de l'État! Bientôt le barreau se constitua; la bourgeoisie lettrée l'alimentait; puis le barreau prê-

(1) Pasquier, cité par M. Pardessus, *Essai sur l'organisation judiciaire*, p. 108.
Le mot est piquant et bien en rapport avec la situation. Cependant, il convient d'ajouter que Pasquier lui-même donne à la retraite des seigneurs une cause plus grave : « Le parlement, dit-il, ayant commencé d'être tenu sans discontinuation, et les conseillers continués en leurs charges, cela fut cause que les seigneurs suivants les armes furent contraints de quit-

tait ses notabilités à la magistrature, qui à son tour était la pépinière des emplois (1). »

A dater de ce moment, on peut considérer la jurisprudence française comme rentrée dans les voies de la raison et de l'équité. Elle n'est pas encore changée, il est vrai ; mais, suivant la remarque de Montesquieu, on possède désormais « les moyens pour la changer (2) ». La justice royale, en effet, étendit bientôt presque partout ses rameaux ; et là même où elle ne put pénétrer, elle eut les honneurs de l'imitation. Saint Louis, dont le nom est inséparable de ces grandes choses, a ainsi mérité qu'on dît de lui ces belles paroles :

« Il ôta le mal en faisant sentir le meilleur. Quand on vit dans ses tribunaux, quand on vit dans ceux de quelques seigneurs une manière de procéder plus naturelle, plus raisonnable, plus conforme à la morale, à la religion, à la tranquillité publique, à la sûreté de la personne et des biens, on abandonna l'autre.

« Inviter quand il ne faut pas contraindre, conduire quand il ne faut pas commander, c'est l'ha-

ter la place et la résigner aux gens de robbe longue. » (*Recherches*, liv. 2, ch. III, p. 55 A.)

(1) *Rev. de législation*, t. I, p. 411 et 412.
(2) *Esprit des Lois*, liv. 28, ch. 39.

bileté suprême. La raison a un empire naturel ; elle a même un empire tyrannique ; on lui résiste, mais cette résistance est son triomphe ; encore un peu de temps et l'on sera forcé de revenir à elle (1). »

De leur côté, les légistes ne laissèrent pas inactif l'instrument qu'ils avaient dans la main. Distributeurs de la justice dans des tribunaux qui n'avaient point de règles fixes ; chargés d'interpréter des coutumes mobiles, disparates (2), en voie de formation, on les voit, pendant des siècles, occupés à formuler, appliquer, limiter, corriger, étendre les principes de la jurisprudence nationale. Presque sans communication entre eux, ils avaient pour lien commun le droit romain, dont tous, à des degrés différents, étaient profondément pénétrés ; et telle est la vertu de ce grand régulateur que, dans des milieux si divers et sous des influences si discordantes, ils marchaient tous, sans se concerter, dans des voies très-distinctes et pourtant assez convergentes pour pouvoir être plus tard ramenées à l'unité. Au milieu du XVe siècle, ils sont les agents les plus actifs de la rédaction officielle des cou-

(1) Montesquieu, *Esprit des Lois*, liv. 28, ch. 38.

(2) « On ne pouvoit, dit Beaumanoir, trouver dans le royaume de France deux châtellenies qui usassent de la même coutume. » (*Cout. de Beauvoisis*, prologue.)

tumes, qui est comme la première épreuve de leur long travail. Cent ans plus tard, en 1580, ils visent à y faire entrer de nouveaux amendements ou à en effacer, par voie de réformation, toutes les dispositions signalées par Dumoulin, le gigantesque adversaire de la féodalité, comme obscures, iniques, ineptes, contradictoires ou difformes (1). Enfin, deux siècles après, en 1789, nous trouvons encore les légistes, debout au milieu des ruines, toujours fidèles à leur grande et patriotique entreprise, stipulant au nom des masses les bienfaits de la loi civile. Nous reconnaissons leur esprit, « représenté dans l'Assemblée constituante par les Target, les Thouret et autres, travaillant au dénoûment qui doit consommer l'affranchissement de la France, avec la même ardeur que leurs devanciers ont conduit, dès l'origine, le long combat du droit humain contre la féodalité... Jusqu'au moment où les légistes du Code civil lui donneront pour appui l'égalité des personnes, l'égalité des terres de toute origine, la liberté de disposer, et surtout l'égalité des partages de successions, qui, en répartissant le sol dans un nombre infini de mains, inocule à

____

(1) *Oratio de concordia et unione consuetudinum Franciæ*, éd. de 1781, t. II, p. 690 et suiv.

toutes les classes l'amour de l'ordre et du travail, et propage les sentiments conservateurs que fait naître la propriété (1). »

Voilà ce qu'ont fait les légistes, depuis le jour où ils ont pris en main ce que M. Troplong appelle justement « la sainte cause de la nature et de l'humanité (2) ». Il est donc permis de répéter avec lui que leur part dans le triomphe de la civilisation moderne a été grande et belle, puisque « dans ces combats séculaires d'une nation qui se perfectionne, ils ont toujours hâté les crises de son affranchissement (3) ». Sans doute on peut regretter que, plus d'une fois, leur intervention ait été signalée par un côté de ruse, de subterfuge et d'argutie qui répugne à nos idées modernes. On aimerait à voir toujours au service d'une noble cause des moyens plus purs et plus relevés. Cependant, il faut dire, pour être tout à fait juste, que ces procédés étaient ceux de leur temps. Ils ont grandi, vécu, lutté, à une époque où la conscience n'était guère ouverte aux scrupules. On tenait alors pour maxime, dans la vie ordinaire comme

(1) M. Troplong, *Rev. de législation*, t. I, p. 416.
(2) *Ibid.*, t. X, p. 161.
(3) *Ibid.*, t. I, p. 401.

dans la vie publique, que tous les moyens sont
bons pourvu qu'ils réussissent :

Dolus an virtus quis in hoste requirat?

Il y aurait donc peu de justice à les rendre res-
ponsables d'un état de civilisation qu'ils ont été les
premiers à combattre, et à les juger avec des idées
qui ne sont venues qu'après eux et, en partie, par
eux. A tout le moins, faudrait-il leur tenir compte
d'avoir contribué à propager les principes au nom
desquels on prétendrait les accuser. Et peut-être,
si l'on songe qu'ils ont été les premiers organisa-
teurs de notre vie civile, aujourd'hui si douce et si
sûre ; que nous ne pouvons faire un pas sans retrouver les traces de leurs luttes et de leurs labeurs ;
que c'est à eux, comme dit le poëte, que *nous devons cet ombrage,* oui, peut-être alors au sentiment
de la justice viendra se joindre celui de la reconnaissance.

Mais je m'abuse ; j'oublie que l'équité est rare
dans le monde et que la reconnaissance est un
lourd fardeau. Les légistes eux-mêmes l'ont
éprouvé ; car, au moment même où le succès de
leurs longs efforts était assuré, ils ont vu se dresser

tout à coup une accusation compromettante pour leur mémoire. On leur a reproché, et en quels termes! de n'avoir été que des artisans de despotisme en se constituant non-seulement les serviteurs, mais les séides du pouvoir absolu. Accusation injuste, lancée contre eux par leurs adversaires battus, propagée ensuite par l'irréflexion et soutenue par la puissance ordinaire du lieu commun (1).

(1) Je ne saurais excepter de ce jugement M. de Tocqueville lui-même, lorsqu'il a écrit : « Les légistes leur (aux rois) fournirent au besoin l'appui du droit contre le droit même. A côté d'un prince qui violait les lois, il est très-rare qu'il n'ait pas paru un légiste qui venait assurer que rien n'était plus légitime, et qui prouvait savamment que la violence était juste et que l'opprimé avait tort. » (*L'Ancien Régime et la Révolution*, notes, p. 345.)

J'en demande pardon à l'éminent publiciste, mais cette sentence, qu'il a voulu rendre piquante, est tout simplement une banalité. Les rois font peu de chose par eux-mêmes; et, pour tout ce qu'ils ont fait, toujours, à toutes les époques, ils ont trouvé des généraux pour l'exécuter, des prêtres pour le bénir, des historiens pour l'approuver et des poëtes pour le chanter. Il faut en prendre son parti. Mais argumenter de tel ou tel fait particulier pour envelopper le corps des légistes tout entier dans le même anathème, c'est là ce que je me permets, en toute révérence, de trouver un lieu commun et une banalité, peu dignes d'un esprit philosophique.

Quant à moi, à ce jugement sommaire et un peu superficiel, je préfère celui de M. de Barante, lorsqu'il disait à M. Guizot : « Je lis un peu mes registres du XIIIe siècle, et je deviens royaliste comme un vieux Français. *C'est la bonne justice grandissant aux dépens de la mauvaise*, et l'ordre naissant peu à peu au seul

Oui, assurément, les légistes ont été les soldats dévoués du pouvoir royal, et ils ont le droit de s'en vanter, car ils l'ont aidé à faire de grandes choses, ne fût-ce que cette forte unité française, que M. Troplong compare à une œuvre de Romains (1). Mais indépendamment de ses résultats, la nécessité de cette alliance était si pressante, qu'on s'étonne vraiment d'avoir à la rappeler. Placés en face de la féodalité oppressive et de l'Église envahissante, les légistes pouvaient-ils donc, sans un point d'appui, relever la masse servile et écrasée du peuple qu'ils voulaient tirer de son abjection? Eh bien! la royauté, faible comme eux, se présentait naturellement à eux comme l'auxiliaire de ce grand dessein. Ils voyaient en elle le reflet bien terne, bien effacé, mais auquel on pouvait rendre son éclat légitime, de ce grand pouvoir de l'Empire dont les livres du droit romain leur fournissaient

lieu qui en renfermât quelques éléments. Si mes jugements ne se modifient pas, ce qui est possible en étudiant mieux, *je ne tomberai pas dans les colères et les doléances* de Boulainvilliers, Montlosier et Sismondi *sur les légistes...* » (M. de Barante, *Mélanges biographiques* par M. Guizot, p. 305.)

(1) « L'opiniâtreté romaine est justement vantée. Dans la question de centralisation, nous sommes les égaux des Romains... Rois, peuple, clergé, magistrats, légistes, tout le monde est venu faire sa tâche dans cet admirable travail. » (*Revue de législation*, t. XXIX, p. 236.)

7

l'image. Ils lui ont dit, comme Occam à l'Empereur : « Aide-moi de l'épée, je t'aiderai de la plume (1). » Il est vrai qu'alors ils se donnaient un souverain ; mais c'était pour s'affranchir, eux et nous, de ceux que Herder a si justement appelés *les petits tyrans* (2) ; et, tout compte fait, je ne crois pas encore que le choix ait été mauvais.

Après cela, je conviendrai volontiers que le pouvoir royal, défendu par les légistes, a eu, à son tour, ses excès et ses abus. Il s'est enivré de cette grandeur dont on l'avait entouré ; il a revendiqué toutes les conséquences des maximes mises en avant pour relever son prestige. Il a fallu le contenir après l'avoir soutenu. Bien simple qui s'en étonne ! Mais les légistes n'ont pas plus manqué à cette seconde mission qu'à la première. S'ils oubliaient la liberté quand le roi était en lutte avec la féodalité, ils s'en souvinrent quand la royauté fut en présence du peuple. Le langage du Tiers dans les états généraux et les remontrances des parlements, dans lesquels s'était réfugié l'esprit légiste, sont des témoignages qu'il n'est au pouvoir de personne d'effacer. Enfin, je n'affirmerais

(1) Herder, liv. XX, ch. IV, éd. Quinet, t. III, p. 473.
(2) *Ibid.*, t. III, p. 477.

pas non plus que les parlements n'ont pas abusé à
leur tour et qu'ils n'ont pas eux-mêmes franchi les
limites qu'ils voulaient faire respecter. C'est l'histoire de toutes les luttes de ce monde :

> Iliacos intra muros peccatur et extra!

et c'est aussi la destinée des institutions qui s'af-
faiblissent en vieillissant, pour retrouver, dans une
transformation prochaine, une jeunesse plus forte
et plus belle. « Ainsi les jours s'écoulent, ainsi
s'enchaînent les générations et les empires. Le
soleil s'abaisse pour que la nuit arrive et que le
genre humain se réjouisse aux rayons d'un nouveau lendemain (1). »

Au surplus, je répéterai ici, à propos de l'influence des légistes sur la civilisation française,
ce que j'ai dit précédemment de l'influence du
christianisme sur le droit privé des Romains. Veut-
on que cette influence ait été exagérée, que le développement de la civilisation en France ait eu des
auxiliaires qu'il serait plus juste de mettre au premier rang? C'est une question que chacun résou-

______

(1) Herder, *Philosophie de l'histoire*, liv. XV, préamb., t. III,
p. 86.

dra, sans doute, selon ses prédilections particulières. Mais en rappelant et en partageant celles qu'a exprimées **M.** Troplong, je ne veux pas plus longtemps perdre de vue que ces études épisodiques n'étaient pour lui que la préface d'un plus grand travail. Dans ces préliminaires, son but était de vérifier, comme je l'ai dit, l'exactitude des idées générales de Vico sur le développement historique du droit; et cette recherche n'a pas été vaine, car elle lui a permis de constater l'énergie, la persistance, les éclipses et les retours d'une puissance supérieure qui pénètre à la longue dans les mœurs pour les civiliser, et dans les lois pour les humaniser. Qu'on la nomme l'*Idée innée de la justice divine*, comme Vico, ou plus simplement l'*Équité*, comme **M.** Troplong, il faut saluer en elle tout ensemble l'instrument et le signe du perfectionnement. Telle est, du moins, l'action incontestable qu'elle a exercée sur les destinées de la jurisprudence.

Étouffée sous la loi des Douze Tables, elle reparaît avec la philosophie et pénètre, avec le christianisme, au cœur du droit romain. Au commencement du moyen âge, tout semble perdu, mais ce n'est qu'une apparence trompeuse. Admirons, au contraire, ces mystérieuses harmonies, qui sem-

blent associer aux mêmes lois de vigueur, de lé-
thargie et de renouvellement la nature morale et
la nature physique. La féodalité a été, si l'on peut
ainsi dire, un des hivers de la civilisation. A ce
dur contact, toute la végétation morale et intellectuelle de l'Europe s'était arrêtée; elle semblait
morte sous son linceul de fer; mais, comme les
plantes sous le manteau de glace qui les couvre,
elle n'était qu'endormie. Et, tout de même que nous
voyons les germes déposés dans la terre, réchauffés
par le souffle du printemps, nous rapporter la ver-
dure et les fleurs, tout de même on voit alors se ranimer tour à tour les branches un moment dessé-
chées de la civilisation. Le droit féodal est battu
en brèche par les légistes; les idées de liberté, d'é-
galité, d'humanité, reparaissent sous l'égide de ce
même droit romain qui semble, comme un grand
fleuve, n'avoir disparu un moment sous les sables
que pour reparaître rajeuni et fortifié par des
affluents nouveaux; et enfin, après mille péripéties, elles triomphent dans les pages du Code civil,
dernière formule du droit des nations humanisées.
Ainsi l'équité, tantôt latente, tantôt visible, a pour-
suivi le droit héroïque sous toutes les transformations par lesquelles il semblait devoir lui échapper,

et, par la vertu bienfaisante de ses inspirations, elle est parvenue toujours à dompter sa dureté native.

On ne sera pas étonné maintenant si, après une telle vérification, on voit M. Troplong ressentir pour les théories de Vico l'enthousiasme d'un admirateur convaincu. Après tant d'autres, qui cachent avec un soin si mesquin les sources où ils ont puisé à pleines mains, il y a plaisir à rencontrer un esprit reconnaissant pour ceux qui lui ont frayé la route. Vico avait mis au jour une idée profonde mais toute nue; M. Troplong l'a recueillie, réchauffée, fécondée; il lui a donné en quelque sorte une seconde vie en l'appliquant. Sa part est encore assez belle dans la gloire commune; il n'a pas cru qu'il fût nécessaire de l'augmenter en se montrant ingrat. Loin de cacher ce qu'il doit à Vico, il semble heureux de l'annoncer; il en prodigue les témoignages. Il le regarde comme « un des plus profonds interprètes de l'histoire (1) ». Il se plaît à exposer les idées de « ce puissant génie (2) » et à lui en rapporter la gloire; il le proclame « un des plus grands penseurs du XVIIᵉ siè-

(1) *Revue de législation*, t. I, p. 413.
(2) *Ibid.*

cle (1) » ; il s'enrôle enfin sous sa bannière, en lui appliquant ce que Cicéron disait de Platon : *Quem ego vehementer sequor* (2).

Sous cette influence, M. Troplong avait conçu dès lors l'idée d'une histoire interne du droit français, sur une nouvelle donnée. « Oui, disait-il, l'histoire des progrès de notre droit est à refaire en entier sur de nouveaux frais, et celui qui parviendra à la traiter avec cette impartialité philosophique qui est la vertu de notre époque fera un livre non-seulement utile, mais encore utile et original (3). » Ce sujet le tentait beaucoup ; il en avait sondé les profondeurs (4) et même ébauché l'exécution (5) ; mais l'exemple de nos anciens jurisconsultes, le succès de leur rôle militant, le souvenir de leur action et le stimulant des discussions contemporaines portè-

(1) *Commentaire de la vente*, n° 685, t. II, p. 157.
(2) *Revue de législation*, p. 413, à la note.
(3) *Revue de législation*, t. I, p. 2.
(4) *Commentaire de la vente*, n° 6.
(5) Articles publiés par le *Droit*, 19 décembre 1835 et 20 janvier 1836.
Le titre seul de ces articles indique que ce début devait répondre à ce que Vico appelle l'âge théocratique. Ils sont intitulés : *De l'Influence de la religion de l'État sur l'interprétation du droit civil*. Au surplus je n'en rappelle que l'idée, car ce sont des extraits trop courts pour permettre d'apprécier l'ensemble du travail.

rent son ardeur vers d'autres desseins, dont il a lui-même indiqué la pensée dans un de ses premiers ouvrages.

« Ces hommes de génie, véritables géants de la science, disait-il en parlant de nos grands légistes, portèrent le droit au plus haut degré de splendeur. Histoire, philosophie, belles-lettres, morale, philologie, ils mirent tout à contribution pour étendre la sphère du droit, que la rouille du moyen âge avait rapetissée... Tous ont su imprimer sur leurs ouvrages une verve originale, une verdeur de pensée et d'expression qui est pleine d'attrait. C'est en eux qu'on trouve une nourriture solide et de mâles instructions. Avec eux, l'on sent que la jurisprudence est pleine de grandeur, et qu'il n'y a pas une science morale avec laquelle elle ne puisse rivaliser de richesse et d'élévation. Eh bien! ce qu'ils ont fait pour le droit ancien, il serait beau sans doute pour le XIXe siècle de l'exécuter sur le Code civil, plus digne encore que le droit ancien de ces grands travaux. Que toutes les gloires du passé soient donc sommées de venir porter leur tribut aux pieds du chef-d'œuvre des temps modernes ; que ces illustrations, trop délaissées jusqu'à présent, soient évoquées, pour ainsi dire, afin de lui prêter la force et la lumière de leur génie. Que la critique, la philosophie, l'histoire, les origines, les coutumes, le droit comparé, viennent agrandir le cercle de la science et l'arracher à des proportions trop mesquines... Pour moi, je n'ai malheureusement pas la puissance et les qualités nécessaires pour réconcilier à la science du droit, ainsi restaurée, les esprits énervés qui s'en éloignent. Cependant l'on me saura gré de quelques efforts pour cimenter l'alliance des anciens maîtres de la science avec le Code, qui résume leurs travaux et ne les efface pas. J'ai surtout voulu protester contre une pensée décourageante, souvent répétée avec triomphe par ceux qui préfèrent les lueurs d'une équité capricieuse aux lumières de la raison écrite : le droit s'en va (1) ! »

C'est animé de cette haute et noble ambition que M. Troplong, riche de tant d'études, aborda le commentaire du Code civil. Nous voici parvenus à l'œuvre monumentale de sa vie. Mais il lui reste plus d'une lutte à soutenir et plus d'une résistance à vaincre pour en fonder solidement les assises.

(1) *Commentaire de la vente*, préface, n° 6.

CHAPITRE IV

L'unité de législation poursuivie de tout temps et en tout pays.
— Antiquité : Antiochus, César, Justinien. — Europe barbare : Théodoric, Charlemagne. — Monde moderne : Bacon,
Leibnitz, Catherine II, Frédéric, Tanucci. — France : De
Fontaines, Beaumanoir, saint Louis, Philippe le Bel, Charles VII, Louis XI, Brisson, Loisel, Dumoulin, Lamoignon,
Colbert, d'Aguesseau. — Le Premier Consul vivement saisi de
cette idée. — Séances du Conseil d'État. — Opposition du
Tribunat. — Code Napoléon. — Erreur de M. Quinet sur le
rôle de la Convention dans cette œuvre. — Nouvelle lutte
contre le Code après 1815.   Silence des jurisconsultes sur ces
attaques. — Merlin. — Toullier. — Appel à une nouvelle
école. — M. Troplong. — Commentaire sur les hypothèques.
— Publications successives. — Son rôle militant. — Le Code
supérieur au droit romain. — Polémiques ardentes. — Dessein
général de l'auteur.

Le Premier Consul, en menant à fin et en publiant le Code auquel une mesure de réparation a
restitué son nom (1), n'a pas seulement doté la
France d'un grand bienfait; il a encore résolu, par
l'énergie de sa volonté, un des plus difficiles pro-

(1) Décret du 27 mars 1852.

blèmes de la science sociale. L'idée d'une codification uniforme a été plus ou moins l'utopie de tous les hommes qui ont marqué dans le monde, soit en le subjuguant par les armes, soit en l'éclairant par le génie. Bien peu l'ont réalisée, mais tous l'ont rêvée et caressée. Dans l'antique Orient, on la voit poindre dès le règne d'Antiochus Épiphanes (1); à Rome, elle séduit l'imagination de César (2); et, tandis que Justinien la réalise pour l'antiquité expirante, elle reparaît, au seuil du monde moderne, dans les tentatives de Théodoric (3) et de Charlemagne (4).

Quelques siècles plus tard, la philosophie en fait une question européenne sous la plume de

(1) « Et scripsit rex Antiochus omni regno suo, ut esset omnis populus unus, et relinqueret unusquisque legem suam. » (I Machab., 1,43.)

(2) « Jus civile ad certum modum redigere, atque ex immensa diffusaque legum copia optima quæque et necessaria in paucissimos conferre libros. » (Suétone, César, ch. XLIV.)

(3) *Edictum Theodorici*, publié en 500, à Rome même. Compilation remarquable en ce sens qu'elle abandonne le système des lois personnelles et qu'elle inaugure parmi les barbares le système d'une loi générale obligatoire pour tous. (Voy. M. Ortolan, *Histoire de la législation romaine*, p. 363.)

(4) « Eum nimirum omnium nationum quæ sub ejus dominatu erant, jura quæ scripta non erant, describi ac litteris mandari fecisse. » (Éginhard, *Vie de Charlemagne*, ch. XX.)

Bacon (1) et de Leibnitz (2) ; et, grâce à cette impulsion puissante, elle pénètre bientôt dans le domaine politique à la fois de tous les côtés. Au nord, c'est Catherine II, celle que Voltaire appelait la *Sémiramis du Nord,* qui entreprend de donner à toutes les parties de son vaste empire un code simple et clair, destiné à marquer l'entrée de la Russie dans les sphères de la civilisation (3). A côté d'elle, son puissant allié, le roi de Prusse, cherche

(1) *De dignitate et augmentis scientiarum,* aphor. 59. Il appelle ce travail « *Opus heroicum.* »
Voyez la preuve de ses efforts pour le faire entreprendre à l'égard des lois anglaises, dans le remarquable discours de M. l'avocat général Blanche, à l'audience solennelle de la Cour de cassation du 3 novembre 1868, p. 18 et 19.

(2) *Ratio corporis juris reconcinnandi,* t. IV, 3ᵉ part., édition Dutens. — Voyez aussi ses lettres à Kestner : « Cogitavi aliquando, si jurisconsulti celebres Germaniæ studia communicarent, posse aliquid confici, quod postea domini non difficulter comprobarent... aliquando velut tabulas quasdam brevissimarum legum concepi animo, ad speciem decemviralium romanarum, in quibus simul eluceret æquitas et comprehensio. (*Loc. cit.*) » — M. Lerminier, *Introduction générale à l'histoire du droit,* ch. x.

(3) M. Schnitzler, *Nouvelle Biographie générale,* t. IX, p. 187. Voltaire lui écrivait à ce propos : « Lycurgue et Solon auraient signé votre ouvrage et n'auraient pas été peut-être capables de le faire. Cela est net, précis, équitable, ferme et humain. Les législateurs ont la première place dans le temple de la gloire, les conquérants ne viennent qu'après. (26 février 1769.) »

à enlever la palme avec son *Code Frédéricien*, pour lequel il provoque la collaboration de l'Europe entière (1). A l'Université de Vienne, c'est le professeur Martini qui, pour remercier Marie–Thérèse de l'hospitalité qu'elle lui a donnée, trace le travail préparatoire du Code autrichien (2). Enfin, à la cour de Naples, Bernardo Tanucci, jurisconsulte devenu premier ministre, fait préparer le *Codice Carolino*, qui rencontre, comme toujours, la résistance des préjugés et de la routine (3).

Ainsi l'unité de législation était une idée vraiment universelle; mais elle était de plus, pour nous, un vœu essentiellement national. Il y avait des siècles que l'œuvre était poursuivie, dans notre pays, par tout ce que la France avait compté d'esprits éminents. On a cité cent fois le mot de Louis XI, « désirant fort qu'en ce royaume on usât d'une coutume, d'un poids, d'une mesure, et que toutes les coutumes fussent mises en un beau livre (4). » En réalité, ce désir était celui de tout le monde; c'était comme un besoin de cet esprit net et pra-

(1) Mirabeau, *De la monarchie prussienne sous Frédéric le Grand*, t. III, p. 597.

(2) M. Lerminier, *De l'influence de la philosophie sur le XVIII*ᶜ *siècle*, etc., chap. XVIII, p. 169.

(3) M. Lerminier, *loc. cit.*, chap. XXII, p. 197.

(4) Mémoires de Commines, livre VI, chap. ʋ

tique qu'on ne nous a jamais refusé. On en trouve la première manifestation dans ce « *Conseil* » que Pierre De Fontaines adresse « *à son ami*(1) » ; premier essai de coordination bientôt renouvelé par Beaumanoir (2). Puis, à ces œuvres purement personnelles vient se joindre l'action du pouvoir royal qui entre à son tour dans cette voie : saint Louis avec ses *Établissements* (3), Philippe le Bel en or-

(1) Publié vers le milieu du XIIIe siècle (1253). Quelques manuscrits portent comme titre : « Le conseil que Pierre Des Fontaines donna à son ami *et à tous les autres.* » Le savant bailli de Vermandois signale lui-même l'originalité de son œuvre : « Porce que nus n'enprist onques devant moi ceste chose dont j'aie exemplaire. » (Chap 1er, p. 5, éd. Marnier.)

(2) En 1283, sous ce titre : « Li livres des coustumes et des usages de Biauvoizins selonc che qu'il couroit ou tans que chi livres fu fais, ch' est assavoir en l'an de l'incarnation nostre Seigneur mil deux cens quatre vingt et trois. »

Il est bien entendu que, comme le précédent, ce livre est une œuvre toute privée. Je les signale néanmoins comme des tentatives très-sérieuses de codification, car à cette époque il ne pouvait y en avoir d'autres. Au surplus, le plan du livre tel qu'il est indiqué par l'auteur révèle cette tendance à l'unité : « Noz entendons a finer grant partie de cest livre, *par les jugements qui ont esté fet en noz tans,* en la dite conté de Clermont ; et l'autre partie *par clers usages et par cleres coustumes,* usées et accoustumées de lonc tans pesivlement ; et l'autre partie des cas douteux en ledite conté, *par le jugement des casteleries voisines ;* et l'autre partie *par le droit qui est commun à toz ès coustumes de France.* » Édit. Beugnot, prologue, t. I, p. 13.

(3) « Les Établissemens selon l'usage de Paris et d'Orléans et

donnant le premier la rédaction des coutumes (1), Charles VII en renouvelant cette prescription qui fut enfin exécutée (2). Sans compter que, dès long-temps, Godefroy de Bouillon, portant à l'étranger cette idée française, l'avait fait passer dans les *As-sises de Jérusalem* avant même qu'elle fût réalisée chez nous (3).

de court de baronnie. » (Ordonnances du Louvre, t. I, p. 107.) Ils commencent ainsi :

« L'an de grâce 1270, li bons roys Loeys fit et ordena ces Establissemens, avant ce que il allast en Tunes, en toutes les cours layes du Royaume et de la Prevosté de France. »

Ce Code a donné lieu à des discussions très-intéressantes. Quelques publicistes, comme Montesquieu (*Esprit des Lois*, liv. XXVIII, ch. xxviii), ont presque mis en doute son existence. M. Beugnot a très-bien réfuté cette erreur. (*Institutions de saint Louis*, p. 307.)

(1) On a très-justement fait remarquer (M. Giraud, *Introduction aux Institutes* de Pasquier, p. 44) que cette initiative, ordinairement attribuée à Charles VII, figurait déjà dans l'ordonnance de 1302, *Pro Reformatione regni*. Effectivement, l'art. 3 de cette ordonnance annonce l'envoi dans les sénéchaussées et bailliages de personnes sages et habiles, pour connaître les coutumes dont on use, abolir les mauvaises, confirmer les bonnes *et eas ad futuram memoriam registrari* (Isambert, *Recueil général*, t. II, p. 760 et 766).

(2) Ordonnance de Montil-lez-Tours, avril 1453, art. 125 et dernier. — Les premières coutumes rédigées furent celles de Chaumont et de Melun, en 1494.

(3) En 1099. — Cependant la seconde partie de ce recueil, *Les Assises de la cour des Bourgeois*, est d'une date plus récente. Tout porte à croire, dit M. Beugnot, qu'elle fut écrite entre les années 1173 et 1180. C'est encore un siècle avant la publica-

Mais ce fut particulièrement à dater du XVIe siècle que la pensée d'une codification générale et uniforme s'empara vivement des esprits. Le président Brisson rédigeait alors le *Code Henry* (1); Loisel publiait ses *Institutes coutumières*, « cet avant-projet du Code civil (2), » et appelait l'unité de législation comme le corollaire de l'unité de territoire (3); Dumoulin surtout, avec cette chaleur de conviction qu'il savait si bien communiquer à sa plume, plaidait auprès de François Ier cette cause du bon sens et de l'utilité publique (4). Il lui démontrait sans

tion en France du premier travail analogue. M. Beugnot en donne une raison ingénieuse et justifiée par plus d'un exemple. « L'émigration, dit-il, rajeunit un peuple, et l'on dirait qu'en abandonnant ses foyers, il y laisse ses vieilles mœurs et ses anciens préjugés pour commencer une vie nouvelle. » (*Assises de Jérusalem* t. II, Introduction, p. 37 et 38.)

(1) Il en avait été chargé par Henri III : « Unum maximè inter togatos idoneum judicavit, cui gravem istum laborem committeret : quem tamen inter paucos menses admirabili celeritate perfecit. » (Scevole de Sainte-Marthe, éloge de Brisson.)

(2) M. Dupin, *Introduction historique aux Institutes*, p. 34.

(3) «Tout ainsi que les provinces, duchés, contés et seigneuries de ce royaume, régies et gouvernées sous diverses coutumes, se sont avec le temps rangées sous l'obéissance d'un seul Roy et quasi de sa seule et unique monnoie : ainsi enfin se pourraient-elles réduire à la conformité, raison et équité (uniformité) *d'une seule loi*, coutume, poids et mesure, sous l'autorité de Sa Majesté. (Ed. Dupin et Laboulaye, *Introduction*, p. 36.)

(4) *Oratio de concordia et unione consuetudinum Franciæ :*

peine que, malgré la rédaction déjà effectuée, rien n'était fait encore et que tout restait à faire (1). Il abordait tour à tour, discutait et faisait évanouir toutes les objections sous sa puissante démonstration (2). En réformateur habile, il traçait le plan du travail qu'il demandait; et, chose digne de remarque, il imaginait dès cette époque le moyen d'information qui fut usité plus tard par la communication du projet de Code aux cours et tribunaux de l'Empire (3). Enfin, à côté de son travail personnel, modestement offert comme une esquisse que d'autres sauraient remplir et orner (4), Du-

« Porro nihil laudabilius, nihil in tota Republica utilius et optabilius quam omnium diffusissimarum et ineptissime sæpe variantium hujus regni consuetudinum in brevem unam, clarissimam et æquissimam consonantiam reductio. » (Édition de 1781, t. II, p. 690, col. 2.)

(1) « Rem omnem adhuc regi integram esse ostendo. » (*Ibid.*)

(2) « Nihil prorsus habent nervi, sed propius explorata prorsus evanescunt. » (*Ibid.*, p. 691, col. 1.)

(3) « Confectam autem a delectis compilationem, meo judicio, priusquam regia et senatus authoritate homologaretur, expediret transcriptam ad omnia patriæ consuetudinariæ municipia mitti, jussis municipibus, sive consuetudines scriptas haberent, sive non, intra semestre vel aliud congruum tempus diligenter et maturè despicere, si quid mutari vel suppleri expediret, idque cum rationibus suis significare. » (*Ibid.*, p. 662, col. 2.)

(4) « Delineamentum a peritioribus excutiendum et vivis suis coloribus exprimendum. »

moulin promettait au roi le concours empressé des avocats, des vrais avocats, pour accomplir cette œuvre patriotique et morale (1).

Au siècle suivant, c'était Lamoignon qui avait conçu « le vaste et difficile dessein de réduire toutes les coutumes à une loi générale (2) ». Colbert aussi avait été tenté par cette grande entreprise, et son génie pratique, sans désespérer de les vaincre, en avait aperçu toutes les difficultés. Il disait à Louis XIV en lui soumettant ses plans :

« Si Votre Majesté s'est proposé l'exécution de ce projet, il est nécessaire d'un grand concours, d'une grande droiture, d'une grande application, d'une grande fermeté. Dieu a donné à Votre Majesté toutes ces qualités en un éminent degré; elle a fait déjà voir, depuis quatre ans qu'elle travaille, qu'il n'y aurait rien d'impossible pour elle; mais il faut avouer que tout ce qu'elle a fait jusqu'à présent n'est rien en comparaison de cet ouvrage.

(1) « Probi vero et veri advocati tam sinceram et expeditam Ευνομιαν non solum non aversabuntur sed etiam amplectentur et juvabunt : non aliter quam probi ac fideles medici malunt homines sanos esse quam quæstum facere. » (P. 692, col. 1.)

(2) D'Aguesseau, quatrième Instruction, p 307.

Auzanet, associé à ce projet, nous a donné (Préf. de ses *notes sur la cout. de Paris*) la composition et l'ordre des travaux de la commission groupée autour du premier président.

Aussi aura-t-elle la satisfaction d'exécuter ce qu'aucun prince n'avait presque tenté auparavant elle ; et quand même la chose serait impossible, en faisant ses efforts pour y parvenir, elle trouverait assurément tant de belles choses à faire qu'elle serait dignement récompensée des soins qu'elle en aurait voulu prendre (1). »

Je rappelle ces divers témoignages parce qu'ils attestent à la fois et la grandeur de l'entreprise et les nobles ambitions qu'elle a suscitées. Mais on sait que tous ces efforts, comme ceux du chancelier d'Aguesseau un siècle après, n'ont fait qu'approcher du but sans l'atteindre. Ils nous ont procuré des lois remarquables sur des matières spéciales, mais point de loi civile générale. C'est pourquoi Voltaire, reprenant contre le désordre législatif l'arme de l'ironie, a pu dire encore avec vérité : « Il y a cent quarante-quatre coutumes en France qui ont force de loi ; ces lois sont presque toutes différentes. Un homme qui voyage dans ce pays change de lois presque autant de fois qu'il change de chevaux de poste (2). »

(1) Discours pour le conseil de justice du 10 octobre 1665. — Revue rétrospective, octobre-décembre 1835, p. 247.

(2) *Dictionnaire philosophique*, v° *Coutumes.*

Il fallait sans doute que l'égalité se fît dans les mœurs pour que l'unité pût se faire dans les lois. Mais il fallait encore autre chose ; car l'Assemblée constituante a cru qu'il suffisait de décréter, en principe, « un code de lois civiles communes à tout le royaume (1), » et l'événement a prouvé qu'elle s'était trompée. De pareilles promesses sont plus faciles à faire qu'à tenir. Ni l'Assemblée législative, ni la Convention, ni le Directoire, n'avaient pu accomplir ce vœu testamentaire de notre grande Assemblée.

Il fallait, pour cela, le moment de calme qui laissa respirer le pays haletant depuis dix ans ; le retour à la raison et à la modération qui, après un long délire, faisait accepter comme une réparation et un soulagement les vraies et durables conquêtes de la Révolution. Il fallait aussi qu'un général de trente ans vînt exercer sur la France émerveillée et attentive cette fascination qui faisait dire à Siéyès : « Ce jeune homme sait tout, veut tout, peut tout » ; à ce jeune homme, l'heureuse inspiration qui lui révélait soudainement la grandeur d'un tel dessein ; la rapidité d'intelligence pour qui « concevoir, vouloir et agir était un seul acte indi-

(1) Constitution des 3-14 septembre 1791, titre Ier.

visible (1) » ; l'ascendant du génie qui, s'imposant aux plus fiers, les poussait dans un *défilé de granit*, en leur montrant du doigt l'honneur, la gloire et la splendeur de la patrie (2) ; enfin cette puissance de travail, jamais épuisée (3), qui lui permettait, pendant huit ou dix heures consécutives (4), de présider, conduire, calmer ou animer de son souffle ces assemblées du Conseil d'État dont M. Troplong a rendu la physionomie si vivante.

(1) M. Thiers, *Consulat et Empire*, t. XX, p. 711.

Ici les dates ont dans leur rapprochement quelque chose de saisissant :

18 brumaire (9 novembre 1799). Gouvernement consulaire.

24 juin 1800. Marengo.

12 août 1800. Arrêté nommant la commission du Code.

Quatre mois après, le projet était rédigé et envoyé aux Tribunaux.

(2) « J'ai poussé chacun dans un défilé de granit, sans issue à droite ou à gauche, obligé de marcher vers l'autre extrémité, où je montrais de la main l'honneur, la gloire, la splendeur de la patrie. » (Napoléon, *Mémorial de Sainte-Hélène*, cité par Damas-Hinard, p. 365.)

(3) « J'ai connu les limites de mes jambes, j'ai connu les limites de mes yeux ; je n'ai jamais pu connaître celles de mon travail. » (*Ibid.*, p. 520.)

(4) « C'est là que je l'ai vu prolonger quelquefois les séances depuis onze heures du matin jusqu'à neuf heures du soir, et montrer à la fin autant de facilité, d'abondance, de fraîcheur d'esprit et de tête qu'en commençant, lorsque nous autres nous tombions tous de lassitude et de fatigue. » (M. de Las-Cases, *Mémorial*, t. I, p. 471.)

« Quelques-unes de ces discussions, dit-il, sont des chefs-d'œuvre de science, de haute raison, de connaissance des besoins de la France, comme, par exemple, celle qui est relative à la rescision pour lésion dans la vente, celle qui concerne la dispense d'inscription des hypothèques légales des femmes et des mineurs. Ce qu'il y a d'étonnant surtout, c'est la profondeur des vues qu'y déploie toujours le Premier Consul, dont l'esprit naturellement philosophique domine à une hauteur immense sur tous les jurisconsultes dont le Conseil était composé. Après lui, je place M. Portalis, qui était le chef d'une section du Conseil ayant une tendance rebelle aux innovations et hostile à l'esprit révolutionnaire. On remarque dans ce parti M. Bigot (Préameneu), le plus reculé de tous, mais d'un esprit orné, d'une science étendue ; M. Tronchet, vigoureux logicien et très-versé dans la connaissance des lois civiles ; M. Cambacérès, qui présidait le Conseil en l'absence du Premier Consul, et qui, à mon avis, est habituellement faible, temporiseur, incertain, et également au-dessous de sa réputation et des fonctions qu'il remplissait. Dans les rangs opposés se distinguait en première ligne M. Treilhard, toujours disposé à condamner le passé, toujours enclin vers le système le plus radical, et soutenant par une rare présence d'esprit, par une repartie ingénieuse et forte, sa phalange, composée des Réal, des Regnauld (de Saint-Jean-d'Angély), des Cretet, hommes de capacités diverses, doctes, éloquents. Lorsque la discussion s'engage sur quelque question palpitante de l'intérêt du jour, rien n'est plus curieux à observer que le rôle de médiateur que prend le Premier Consul entre les deux partis. Ce génie incomparable avait compris que son époque était un temps de réconciliation et de transaction. Aussi suivez-le au milieu de ces luttes du côté droit et du côté gauche du Conseil d'État, vous verrez qu'il intervient constamment, avec une rare sagacité et un bon sens exquis, pour proposer un terme moyen, pour jeter dans la discussion un élément équitable, et que, par la force de sa raison conciliatrice, il amène pour l'ordinaire les opinions rivales à une transaction. Si le Code civil a opéré la fusion des idées anciennes avec les idées de la Révolution ; s'il est empreint de cet éclectisme qui est la philosophie du XIXe siècle, c'est principalement à Napoléon qu'il faut en attribuer l'honneur. Son esprit de conciliation prudente brille dans le Code comme dans la réunion des partis politiques qui déchiraient l'État (1). »

Voilà quel concours unique de circonstances était nécessaire pour que nous jouissions d'un Code civil. Et encore, de combien peu s'en est-il fallu que tous ces prodiges d'énergie, de travail, de talent, ne vinssent échouer contre quelques rancunes politiques ; mémorable exemple de la difficulté qu'on éprouve le plus souvent à faire le bien ! On sait assez comment l'opposition du temps, concentrée au Tribunat, accueillit le projet de Code civil qu'elle était décidée à repousser. M. Thiers nous a raconté, avec sa netteté ordinaire, ces critiques mesquines et malavisées.

« Les opposants, dit-il, exprimaient d'abord un grand étonnement de trouver ce Code si simple, si peu nouveau. Comment, ce n'est que cela ! disaient-ils ; mais il n'y a dans ce projet aucune conception nouvelle, aucune grande création législative qui soit particulière à la société française, qui puisse lui imprimer un caractère propre et durable ; ce n'est qu'une traduction du droit romain ou coutumier. On a pris Domat, Pothier, les Institutes de Justinien ; on a rédigé en français tout ce

_____

(1) *Comment. de la vente*, Préface, n° 4. — Publié en 1834.

qu'ils contenaient; on l'a divisé en articles; on a lié ces articles par des numéros bien plus que par une déduction logique, et puis on vient présenter cette compilation à la France comme un monument qui a droit à son admiration et à ses respects! MM. Benjamin Constant, Chénier, Guinguené, Andrieux, tous dignes de mieux employer leur esprit, raillaient les conseillers d'État, disaient que c'étaient des procureurs conduits par un soldat qui avaient fait cette plate compilation, fastueusement appelée le Code civil de la France (1). »

Encore M. Thiers ne nous donne-t-il ici que la traduction châtiée de ces sarcasmes. Mais dans les couloirs on y mettait moins de façon et de style. « Une heure avant que le citoyen Portalis parlât au Corps législatif, nous dit un témoin, les tribuns disaient que les consuls et les conseillers d'État n'étaient que des ânes (2). » C'est qu'il y avait là un levain de jalousie personnelle qui saisissait l'occasion de fermenter. Le Tribunat n'aimait pas le Premier Consul, ce qui est assez naturel; beaucoup de ses membres avaient fait partie des Cinq-

(1) *Histoire du Consulat et de l'Empire*, t. III, liv. 13.
(2) Thibaudeau, *Histoire du Consulat et de l'Empire*, cité par Damas-Hinard, p. 426.

Cents, et, en général, nous n'aimons pas qui nous supplante. La majorité des tribuns était sous le poids de ces souvenirs irritants. En prenant possession de la salle qui leur était destinée au Palais-Égalité, ils s'étaient réjouis, avec l'emphase déclamatoire du temps, de se voir dans « ces lieux où, si l'on osait parler d'une idole de quinze jours, nous rappellerions qu'on vit abattre une idole de quinze siècles (1) ». Quelques jours après, un orateur était trois fois rappelé à l'ordre pour avoir fait l'éloge du Premier Consul (2). Bref, n'ayant pu faire le bien, on ne tenait pas à en laisser la gloire à d'autres. *Natura semper sibi consona.*

Heureusement l'affaire était en bonnes mains. Le Premier Consul avait précisément en lui et autour de lui toutes les forces que Colbert avait signalées comme nécessaires à cette vaste entreprise : un grand concours, une grande droiture, une grande application, une grande fermeté. Harcelé par de mesquines taquineries, son premier mouvement avait été de dire : « Si l'on marche ainsi, je reprendrai mon sabre (3). » Il fit mieux, il se

(1) Séance du 13 nivôse an VIII. *Archives parlementaires*, t. I, p. 17.

(2) 16 nivôse. *Archives parlementaires*, t. I, p. 36.

(3) Locré, *Législation civile de la France*, t. I, p. 86.

servit de la légalité. Après le rejet systématique des deux premiers titres du Code, il retira le projet, mais en révélant à la France qu'il était obligé d'attendre le moment « où l'on porterait dans ces grandes discussions le calme et l'unité d'intentions qu'elles demandent (1) » Ainsi, ce gouvernement né de la veille était obligé de se déclarer battu ; mais c'était une de ces *défaites triomphantes* dont parle Montaigne. En présence de l'opinion publique, dont tous les vœux se trouvaient ajournés par ceux qui se piquaient d'être ses vrais organes, le Tribunat fut honteux de sa victoire. Il donna tout bas le concours qu'il avait refusé tout haut, trop heureux de retrouver dans une collaboration secrète un peu de la popularité qu'il avait cherchée dans son opposition bruyante. Voilà comment le Code, qu'il était, dit M. Thiers, *impossible de faire autrement ni mieux*, fut bientôt discuté, voté et promulgué, à la grande satisfaction de la France nouvelle, qui voyait avec joie consolider dans ses mains démocratiques les conquêtes de la Révolution. A son tour, Napoléon, qui avait été l'âme de cette grande réforme, put dire sans excès d'amour-propre : « Le Code civil,

______

(1) Message du 12 nivôse an X. — *Archives parlementaires*, t. III, p. 376.

sans être un ouvrage parfait, a cependant opéré beaucoup de bien. Chacun désormais sait d'après quels principes se diriger ; il arrange en conséquence sa propriété et ses affaires (1). »

Il faut bien d'ailleurs que ce Code ait été un grand bienfait, puisque tout le monde voudrait, après coup, s'en attribuer le mérite. Il est vrai qu'on se fait quelquefois, à cet égard, d'étranges illusions. Je trouve, par exemple, dans un livre récemment publié sur la Révolution (2), la singulière prétention d'attribuer la gloire du Code civil à la Convention nationale. C'est l'œuvre de cette assemblée, dit-on, reproduite « sous le masque du Premier Consul (3) ».

Cette revendication rétrospective a le droit de faire sourire ceux qui, s'occupant des lois, ont l'obligation de les connaître. Si l'on pouvait entrer ici dans une analyse suivie, on verrait que la plupart des lois civiles de la Convention n'étaient pas nées viables. M. Quinet leur trouve le mérite d'avoir été portées « au milieu des éclairs et des fou-

____

(1) Procès-verbaux du Conseil d'État. — Damas-Hinard, p. 115.

(2) *La Révolution*, par M. Edgar Quinet.

(3) *Ib.*, t. II, p. 111.

dres (1) ». C'est vrai; elles ont au plus haut degré
la marque de cette origine : elles brûlent et frap-
pent, mais elles n'éclairent ni ne protègent. Puisque nous sommes sur le terrain du droit, laissons
donc à chacun le sien. En fait de principes fonda-
mentaux, de formules générales, tout avait été
posé par la Constituante, mais tout fut gâté et
rendu intolérable par les exagérations de la Convention. La vraie gloire du Consulat a été, non pas
de corriger ces exagérations, car elles l'eussent été
tôt ou tard et par n'importe qui, mais, en les cor-
rigeant, de ne pas se laisser entraîner dans une
exagération inverse, qui eût compromis les grandes vérités proclamées par la Constituante. C'est
ce mérite rare qui a surtout valu au Premier Consul
et à ses collaborateurs la reconnaissance de la
France, et en cela la France a pensé comme l'histoire. Napoléon, dit M. Thiers, « contribua de deux
manières décisives à la confection de nos Codes,
en déterminant le degré de l'innovation et en poussant l'œuvre à terme. Plusieurs fois avant lui on
avait entrepris cette œuvre, et chaque fois, cédant
au vent du jour, on s'était livré à des exagérations
dont bientôt on avait eu honte et regret, après quoi

(1) *La Révolution*, par M. Edgar Quinet, t. II, p. 107.

l'œuvre avait été abandonnée. Napoléon prit ce vaisseau échoué sur la rive, le mit à flot et le poussa au port. Ce navire, c'était le Code civil. et personne ne peut nier que ce Code ne soit celui du monde civilisé moderne (1). »

Au surplus, il est un peu tard pour se parer d'une auréole d'emprunt, lorsque les contemporains eux-mêmes ne l'osaient pas. Si l'on veut des témoignages, on peut lire le rapport fait au Tribunat sur le projet même qu'il a repoussé, par Andrieux, qu'on ne soupçonnera, pas plus que ses auditeurs, de flatterie pour le pouvoir consulaire. « Douze ans se sont bientôt écoulés, dit-il, depuis que l'Assemblée constituante promit à la nation ce Code dont la nécessité était généralement sentie. Depuis ce temps, les assemblées qui ont succédé à la Constituante *ont essayé vainement de réaliser sa promesse*. Des lois particlles ont été faites, plusieurs projets ont été présentés ; *ce fut un rêve* de chacun des hommes de bien qui entrèrent soit dans la Convention nationale, soit dans les diverses législatures, de penser qu'il pourrait contribuer à la rédaction et à la prompte publication d'un Code uniforme de lois pour la République. Tous s'aper-

(1) *Histoire du Consulat et de l'Empire*, t. XX, p. 726.

çurent successivement que ce vœu patriotique ne pouvait être accompli (1). »

Voilà la vérité, non celle des partis, mais celle de l'histoire. A la Convention « le rêve », ou plutôt sa continuation, car on a vu qu'il datait de loin ; à Napoléon la réalité. Le Code civil a été une de ses victoires, la plus pure et la plus féconde de ses victoires ; et ce qu'il y a de plus triste à dire, il fut obligé de la remporter contre ceux qui, en se proclamant pompeusement « les derniers organes du peuple (2) », sacrifiaient la nation tout entière à des rancunes impitoyables.

Mais nous ne sommes pas au bout, car ces adversaires de la première heure devaient avoir leurs imitateurs. Après douze ans de silence et d'application du Code, on devait croire la lutte finie ; elle n'était qu'ajournée : 1815 la vit recommencer. Ce mouvement offensif, parti de l'étranger, rentra en France avec nos malheurs ; et le Code Napoléon, redevenu Code civil, eut à subir une nouvelle levée de boucliers, d'autant plus redoutable que son berceau ne pouvait guère le protéger.

Nous nous sommes tous égayés de la comique

---

(1) *Archives parlementaires*, t. III, p. 42.
(2) Benjamin Constant au Tribunat, *Ib.*, t. I, p. 34.

prétention du marquis de la Seiglière, affectant de tenir pour non avenus les actes et les Codes de « M. de Buonaparte ». Nous avions raison de rire, car le danger n'existait plus ; mais, en 1815, on ne riait pas. Le Code civil avait été un traité d'alliance entre la France ancienne et la France nouvelle ; or, quand la guerre se rallume, on déchire les traités ; et c'était bien la pensée et le désir de beaucoup de gens pour qui le Code n'était qu'un des plus détestables fruits de la Révolution.

Il faut d'ailleurs être de bon compte. Une loi qui accordait les mêmes droits civils à tous les Français ; qui, sécularisant les actes de l'état civil, plaçait la liberté comme une sentinelle aux trois grands actes de la vie : la naissance, le mariage, la mort ; qui transformait le despotisme paternel en simple magistrature domestique ; qui protégeait tous les mineurs par la même tutelle ; qui considérait tous les biens comme libres ; qui distribuait toutes les successions d'après les mêmes principes, et qui prenait pour principes l'égalité et l'affection naturelle ; qui défendait de troubler cet ordre légal par le subterfuge des substitutions ; qui maintenait la faculté de tester dans les limites tracées par la raison, mais une raison froide et insensible à tous les préjugés de caste ; non, une telle loi, déchirant sans pitié ce qu'ils avaient été élevés à considérer comme un credo social, ne pouvait pas être tenue pour légitime par les hommes, plus chevaleresques qu'éclairés, qui se relevaient, à la fois ulcérés et triomphants, d'un abaissement de vingt – cinq années.

Déjà leurs réclamations s'étaient produites, au moment de la discussion du Code, par la plume impétueuse et féodale du comte de Montlosier (1). Ils croyaient maintenant le moment venu de réaliser cette protestation, jusque-là stérile. C'était pour eux le complément naturel de la Restauration, et ils ne s'en cachaient pas. Ils disaient ou l'on disait pour eux : « Nous avons recouvré notre souverain légitime, c'est déjà beaucoup ; mais pour que la restauration soit entière, il faut que nous redevenions Français, ou, en d'autres termes, que nous reprenions autant qu'il est possible nos lois et nos institutions nationales. Un souverain légitime ne saurait se concilier avec les lois qui éma-

(1) *Courrier de Londres* du mardi 2 juin 1801. — Portalis a répondu à cette attaque, dans laquelle on lit, à l'adresse des rédacteurs du Code, cette phrase qui en révèle tout l'esprit : « A la manière dont ils raisonnent de la France, *on croirait qu'elle est encore une société.* » (*Discours, rapports et travaux*

nent d'une autorité qui ne l'est pas (1). » La chambre de 1815, celle que l'on a qualifiée d'introuvable, partageait pleinement ces idées. Dans sa première session, elle avait déjà entendu quelques propositions à ce sujet (2), et l'on s'était bien promis, en se quittant, de s'en occuper activement à la session suivante (3). Tous les hommes sages résistaient à ce courant (4). Mais, comme dit Bossuet, les hommes sages sont-ils écoutés en ces temps d'emportement?

Le gouvernement pourtant eut la prudence d'entendre et de suivre leurs conseils. Après avoir rappelé « les maux que l'instabilité de la législation

inédits sur le Code civil, publiés par M. Frédéric Portalis, p. 64 et suiv.)

(1) Bernardi, *Origine et progrès de la législation en France*, Introd., p. vii.

(2) Notamment la motion faite par M. Lacheze-Murel de rendre la tenue des registres de l'état civil aux ministres de la religion. On peut considérer comme un symptôme analogue, non le vote lui-même, mais le ton qui a présidé à la discussion de la loi abolitive du divorce (8 mai 1816). Loi excellente, à mon avis, qu'on eut le tort de présenter sous le côté étroit d'une œuvre cléricale, au lieu d'aborder hautement la question sous son aspect philosophique et social. Les lois mal abrogées emportent avec elles le même vice qui travaille les lois mal faites: elles tendent à renaître, comme les autres à mourir.

(3) Locré, *Législation civile*, Prolég., t. I, p. 238.

(4) M. Guizot, *Mémoires*, t. I, p. 129. Voyez les belles paroles de M. De Serre à ce sujet (*Ibid.* p. 142).

peut causer dans un État » ; réservé le soin « de proposer des lois particulières pour réformer les dispositions susceptibles d'être améliorées ou dans lesquelles le temps ou l'expérience *auraient fait apercevoir* des imperfections » ; déclaré que « de pareilles réformes ne peuvent être que l'ouvrage du temps et le fruit de longues méditations », il ordonna simplement que les formules exigées par le titre du nouveau souverain fussent introduites dans les Codes impériaux, ce qui était pour eux une éclatante confirmation (1).

Le parti féodal ne s'y trompa pas. « Cet acte du roi, dit M. Locré, étonna les novateurs. Il y en eut qui osèrent bien envoyer une protestation et demander qu'on suspendît l'exécution de l'ordonnance jusqu'à la première session (2). » On ne les écouta pas ; mais, pour être refoulée, leur haine contre le Code civil n'en fut que plus profonde. On la verra reparaître à chaque instant, et notamment en 1826, à propos de la loi sur le droit d'aînesse (3).

(1) Ordonnance du 17 juillet 1816 (Collection Duvergier, t. XX, p. 528). Le préambule est surtout curieux comme signe du temps.

(2) *Législation civile*, t. I, p. 242.

(3) « Pas un seul jour, disait alors M. Salaberry devant la Chambre des députés, pas un seul jour nous n'avons dévié de nos principes de 1815. Nous combattons nos éternels adver-

En un mot, ces opiniâtres représentants du passé furent bien obligés de courber leurs orgueilleuses convictions sous le joug de la loi nouvelle; mais elle n'obtint jamais d'eux, selon le mot du poëte, qu'une soumission toujours prête à la révolte :

Siam servi si; ma servi ognor frementi !

En même temps que ces ressentiments politiques, le Code civil voyait se déchaîner contre lui d'autres attaques qui se coloraient de l'intérêt de la science. C'était la haine allemande qui faisait irruption chez nous. On se rappelle, en effet, que, peu d'années auparavant, le savant Savigny, voulant arrêter l'essor des lois françaises en Allemagne (1), avait jeté un solennel anathème à la codification en général et au Code Napoléon en particulier. Dans les pays d'outre-Rhin, « il était alors de mode, dit M. Laboulaye, de déchirer nos lois civiles avec autant d'injustice que de mauvais goût (2) ». On s'empara bien vite chez nous de

saires comme en 1815. » Séance du 8 mai 1826, *Moniteur* du 10, p. 684, col. 3.

(1) Un professeur allemand, Gœnner, ayant adopté le Code Napoléon, Savigny condamnait cette conduite comme *une lâcheté*. (M. Laboulaye, *Histoire des idées et des écrits de Savigny*, p. 53.)

(2) *Ibid.*, p. 41.

cette polémique qui servait les passions régnantes, et l'on se trouva subitement épris du droit romain, à qui l'on sacrifiait sans hésiter le Code qui était l'expression du droit moderne. La codification, jadis regardée comme un bienfait, devenait maintenant une œuvre de mutilation et de vandalisme juridiques. C'était le tombeau de la science dont ses derniers défenseurs portaient bruyamment le deuil. Quant au Code civil, on aurait quelque peine à se figurer aujourd'hui les innombrables défauts dont il était alors convaincu : loi mal faite, incohérente, immorale et au-dessous de toute comparaison, non pas seulement avec le droit romain, mais même avec les lois barbares et féodales. Voici, par exemple, ce que l'on peut lire, comme un échantillon curieux de ces diatribes, dans un ouvrage du temps qui avait la prétention de stipuler au nom de la science, et que publiait un chef de division du ministère de la justice, membre de l'Académie royale des inscriptions et belles-lettres :

« A peine Bonaparte se fut emparé du pouvoir, qu'il ordonna qu'on lui fît un Code dans trois mois. Ce fut une chose curieuse de voir l'embarras de ceux à qui il en confia la rédaction pour connaître sa véritable pensée à ce sujet, et la crainte qu'inspirait la seule idée de lui en demander l'explication. *On tâcha seulement de gagner du temps.* On consulta les tribunaux d'appel ; on discuta longuement quelques parties dans le Conseil d'État, dont le plus grand nombre des membres était étranger à la législation. Pour faire un ouvrage passable, il aurait fallu compulser toutes les coutumes, et y prendre ce qu'il y avait dans chacune de plus raisonnable et de plus utile pour en former un code dont les parties, proportionnées entre elles, fussent disposées dans un ordre méthodique ; mais le zèle n'allait pas jusque-là. *On ne travaillait que quand on ne pouvait s'en dispenser.* Au lieu d'un corps entier de jurisprudence, on fit quelques lois décousues, qu'on réunit ensuite ; de manière que l'ouvrage n'eut ni ordre ni plan, *et ne renferma que quelques règles triviales, incomplètes, souvent immorales et contradictoires...*

« L'abolition qu'on prononça de toutes les anciennes lois priva les provinces de plusieurs coutumes utiles que l'habitude leur rendait nécessaires...

« Il n'y eut plus dans les contrats de mariage cette sage prévoyance qui s'occupait de l'état futur des familles, et qui, par les douaires et autres avantages accordés aux femmes, leur assurait une existence pour elles et leurs enfants, au milieu des infortunes dont ils pourraient être atteints. *On laissa à chacun la liberté de faire les conventions qu'il trouverait bon.* Mais les lois seraient inutiles si les hommes pouvaient jouir toujours d'une telle faculté...

« La brièveté et les omissions innombrables de ce Code laissaient presque tout à l'arbitraire des juges.

« Le nom de Dieu n'y est pas prononcé une seule fois : c'était la suite du système d'exclure de la législation toute idée religieuse, et de la placer en entier sous l'empire de la force... Chez plusieurs peuples, les lois civiles sont confondues avec les lois religieuses, et la force et la stabilité n'en sont que plus grandes. Lors même qu'on les a séparées, les législateurs en ont toujours regardé comme le plus solide fondement l'idée de la divinité et de l'empire qu'elle exerce sur le monde...

« Ce n'était pas là l'esprit de la nouvelle législation française. Le Code dont on crut l'enrichir, et qui fut l'occasion de tant d'adulations pour le maître à qui on voulait en faire honneur, est, même quant à sa forme et à son étendue, *fort inférieur aux productions de ce genre qui ont paru dans les siècles les plus obscurs du moyen âge.* Qu'on le compare avec l'abrégé des lois romaines qu'Alaric, roi des Visigoths, fit composer pour ses sujets romains, *et on verra combien l'avantage est en faveur des Goths.* Les *Assises de Jérusalem* sont encore une composition bien plus sage et plus réfléchie.

« Les applaudissements que le Code français a obtenus dans certaines classes ne prouvent que la dégradation que la Révolution a opérée dans les esprits, et l'ignorance où elle nous a plongés des vrais besoins de l'ordre social. *Il a été la risée des pays où la science du droit est encore cultivée avec quelque soin* (1). »

Ainsi, la querelle du Tribunat contre le Code civil se renouvelait presque avec les mêmes arguments et à une époque bien autrement favorable à son succès. Et, ce qui ne manque pas d'être assez piquant, elle rencontrait maintenant pour victimes et pour adversaires ceux-là même qui, quinze ans auparavant, avaient trouvé bon de la mettre en circulation. C'est que l'injustice est une arme perfide

(1) *De l'origine et des progrès de la législation française,* par M. Bernardi, de l'Académie royale des inscriptions et belles-lettres. Paris, 1816, pages 559 et suiv.

qui, par un équitable et salutaire retour, finit toujours par blesser ceux qui s'en servent.

Enfin le Code civil avait encore un autre genre d'ennemis, et ce n'étaient pas les moins dangereux : à côté de ceux qui ne l'aimaient pas se trouvaient ceux qui, l'aimant trop, l'aimaient mal. C'étaient, pour employer l'expression du temps, les *ultras* du Code civil. Pour eux, ce Code était une œuvre parfaite, le dernier mot de la législation, l'alpha et l'oméga du droit. Les savants auteurs de ce Code avaient pourtant pris eux-mêmes le soin de réserver, à côté de la loi qu'ils faisaient, les impérissables droits de la science, et placé leur œuvre sous sa tutelle.

« On tomberait dans une étrange et funeste erreur, avait dit Treilhard, si l'on pouvait supposer qu'une connaissance des lois, suffisante pour le commun des hommes, doit suffire également au magistrat chargé de les appliquer, ou au jurisconsulte qui exerce aussi une espèce de magistrature, bien flatteuse sans doute, puisqu'elle repose sur une confiance toute volontaire.

« Ce n'est que par de longues veilles et par une profonde méditation sur les principes d'ordre naturel et de justice éternelle, auxquels doivent se rattacher toutes les bonnes lois, que l'on peut apprendre à en faire une juste et prompte application dans cette variété infinie d'espèces que font éclore tous les jours mille circonstances imprévues ou la malice inépuisable des plaideurs.

« Malgré quelques dispositions bizarres qui ont échappé à d'utiles et successives réformes, il sera encore nécessaire d'étudier dans nos coutumes l'histoire de la législation française, et d'y chercher les premières traces des règles que nous avons dû en extraire comme plus adaptées au génie français et à nos mœurs actuelles.

« Mais c'est surtout dans les lois du peuple conquérant et législateur qu'on puisera, pour me servir des expressions d'un auteur moderne, ces principes lumineux et féconds, ces grandes maximes qui renferment presque toutes les décisions ou qui les préparent ; c'est là qu'il faut chercher, pour se les rendre familières et propres, ces notions sûres et frappantes qu'on peut regarder comme autant d'oracles de la justice (1). »

Les travaux préparatoires du Code sont pleins de

______

(1) *Exposé des motifs du titre des successions*, séance du Corps législatif du 19 germinal an XI (9 avril 1803). —Locré, t. X, p. 203.

ces utiles conseils (1). Mais on s'était empressé de ne point les suivre. Le consul Cambacérès répétait souvent qu'il craignait « que le Code ne tuât l'étude (2) ». Cette crainte se réalisait. Non-seulement les praticiens, mais même ceux qui se paraient du titre de jurisconsultes, avaient fermé tous les livres. « Le Code est clair, disaient-ils ; les travaux préparatoires nous en donnent l'esprit. Tout le reste est du passé et de l'histoire ; à quoi bon s'en préoccuper (3) ? »

D'ailleurs, il faut tout dire. Cette exagération dans le respect avait été encouragée par des exemples venus de haut. On a souvent raconté qu'à la première apparition d'un commentaire sur le Code civil, l'Empereur s'était écrié : « Mon Code est perdu ! » J'ignore s'il poussa, en effet, jusqu'à ce point l'effroi des commentaires ; mais il est certain qu'il y voyait des dangers. Lui-même en faisait l'aveu plus tard. « A peine ce Code eut-il paru, disait-il à Sainte-Hélène, qu'il fut suivi presque aussitôt, et comme en supplément, de commentaires, d'expli-

(1) Portalis, Discours préliminaire (Locré, t. I, p. 260) ; — Gary au Corps législatif (Locré, t. VIII, p. 300) ; — Bigot-Préameneu, Exposé des motifs sur les obligations (Locré, t. XII, p. 313), etc., etc.

(2) Locré, t. I, p. 118.

(3) Locré, *loc. cit.* p. 118 et 119.

cations, de développements, d'interprétations, que sais-je?... J'avais coutume de m'écrier au Conseil d'État : Eh! messieurs, nous avons nettoyé l'écurie d'Augias; pour Dieu, ne l'encombrons pas de nouveau (1). »

Cette réflexion n'était-elle qu'un trait piquant comme avaient pu s'en permettre Montaigne (2) ou Voltaire (3)? N'était-ce point plutôt la réminiscence involontaire d'un système de législation pour ainsi dire mathématique, d'abord conçu par l'Empereur (4), puis abandonné, mais toujours présent à sa pensée? Je l'ignore. Mais les souverains ne disent jamais rien impunément; la parole la plus indifférente trouve toujours, en tombant de leur bouche, des oreilles empressées pour la recueillir et un zèle intempestif pour la relever. C'est pourquoi on se demandait très-sérieusement à la tribune du Corps

(1) *Mémorial de Sainte-Hélène*, t. II, p. 248.

(2) *Essais*, livre III, chapitre 13 : « Qui ne dirait que les gloses augmentent les doutes et l'ignorance ?... »

(3) *Dictionnaire philosophique*, v° *Lois*: « Que toute loi soit claire, uniforme et précise: l'interpréter c'est presque toujours la corrompre. »

(4) « J'avais d'abord rêvé qu'il serait possible de réduire les lois à de simples démonstrations de géométrie, si bien que quiconque aurait su lire et eût pu lier deux idées eût été capable de prononcer; mais je me suis convaincu presque aussitôt que c'était une idéalité absurde. » (*Mémorial*, t. II, p. 247.)

législatif, « s'il ne serait pas plus avantageux à la science de la législation d'interdire pendant un temps déterminé toute publication de développements des dispositions législatives, sous quelque titre qu'on voulût les présenter ». L'auteur de cette singulière idée trouvait que « l'on pourrait au moins, sans inconvénient, arrêter pendant plus ou moins d'années le torrent de ces gloses (1) ».

La conclusion de tout ceci, c'est que pendant les vingt-cinq années qui ont suivi sa publication le Code civil vit naître et grandir autour de lui de sérieux dangers. Les passions politiques, les préjugés d'une science incomplète, les exagérations d'un culte excessif, étaient des dissolvants très-divers, mais qui, en combinant leur action, pouvaient devenir redoutables. Comme toutes les grandes institutions, notre loi civile franchissait alors sa période climatérique. Ses adversaires et ses partisans tenaient d'ailleurs une conduite bien différente. Les premiers, pleins d'ardeur, multipliaient leurs at-

(1) Séance du 27 février 1813. Opinion de M. Jourdain (d'Ille-et-Vilaine) en faisant hommage au Corps législatif du livre de Carré sur la procédure civile. M. Jourdain avait été professeur de droit à la faculté de Rennes, où il avait eu Carré pour élève. Sa motion était donc doublement malheureuse. (*Archives parlementaires*, t. XI, p. 366.)

taques avec une insistance infatigable ; ils combat-
taient ses principes, sapaient ses doctrines, relevaient sans pitié ses moindres imperfections. Les
seconds jouissaient en silence de ses bienfaits, et
leur sympathie, très-sincère, mais muette, n'était
guère propre au prosélytisme. L'opinion, dit Pascal,
est la reine du monde. Il ne suffit donc pas qu'une
loi soit bonne, il faut qu'on la croie telle. On n'aime
fortement et longtemps que ce qui satisfait l'esprit.
Le Code civil, attaqué au nom de la science, des
principes du droit et de l'intérêt social, demandait à être défendu par les mêmes armes. Les légistes du temps ne paraissent pas l'avoir senti.

Je n'oublie pas qu'à la même époque, quelques
jurisconsultes véritables, tels que Merlin et Toullier,
essayaient d'éclairer l'interprétation du Code par
les enseignements du droit romain et de l'ancienne
jurisprudence. Mais combien ces rapprochements
étaient timides et incertains ! Ces hommes, si capables de pénétrer dans les profondeurs de l'ancien
droit, en effleuraient à peine la surface. Ils lui em-
pruntaient çà et là quelques brocards, avec lesquels
ils achevaient une démonstration ; ce n'était guère
pour eux que l'argument final d'une thèse, l'*ultima
ratio* d'un raisonnement. Encore était-ce une érudi-

tion rare et exclusivement personnelle; car, pour le plus grand nombre, à l'exception de Pothier, dont le bon sens honnête, simple et lumineux se faisait toujours admettre, l'ancien droit était une terre à peu près inconnue.

Je voudrais bien ne pas paraître, en m'exprimant ainsi, sacrifier des talents recommandables à la gloire d'un autre talent dont l'avénement est prochain. La pensée en est bien loin de mon esprit. Toullier et Merlin ont eu à franchir les difficultés naissant du passage de l'ancien droit au droit nouveau. Ils ont suffi à cette grande tâche. Le premier, dans l'explication dogmatique du Code; le second, dans l'application pratique du droit aux contestations judiciaires, ont déployé un mérite incontestable et incontesté. Et si d'ailleurs ils ont quelquefois fléchi sous le fardeau, il leur était permis de répondre, comme Toullier l'a fait dans une très-belle et très-noble page, qu'ils avaient commencé d'écrire lorsque leurs critiques n'étaient peut-être pas nés. Tout cela est vrai et juste. Mais on peut bien dire, sans manquer de respect à leur mémoire, qu'il ne faut pas chercher dans leurs travaux des horizons fort étendus. Toullier est clair, exact, méthodique dans son exposé; mais il a certainement fallu que l'amitié s'en mêlât pour lui trouver de la profondeur (1). Merlin est un dialecticien hors ligne, qui poursuit sa thèse avec une force de logique incomparable ; mais ses réquisitoires, par la spécialité même de leur sujet, sont des rayons brisés d'une théorie générale difficile à recomposer. Enfin à tous deux, si je ne me trompe, il manque cette flamme qui allume la passion de l'étude, cet élan communicatif qui entraîne les esprits et fait suivre un drapeau ; leur philosophie est incertaine et vague ; leurs connaissances historiques restreintes ou peu utilisées ; leur littérature suffisante, mais sans éclat. Ils sont de ceux qui rendent de grands et permanents services aux affaires plutôt qu'au développement de la science.

Au surplus, c'est de leur vivant, et pour ainsi dire en leur présence (2), que Jourdan faisait comprendre par quels côtés ils avaient besoin d'être complétés. Il écrivait dans *la Thémis* : « La science attend une nouvelle direction. Il faut combattre cette tendance perpétuelle de la jurisprudence à se résoudre en intérêts individuels ; il faut que les ju-

(1) M. Dupin, *Bibliothèque de Droit*, t. II, p. 374.

(2) Merlin était alors en exil, triste résultat de nos discordes civiles ; mais son livre n'en avait que plus d'autorité : il était alors dans le plein de son succès.

risconsultes ne dégénèrent pas en casuistes, et que, placés pour ainsi dire sur une hauteur, ils découvrent et saisissent tout à la fois l'ensemble et les détails de la science ; il faut enfin que la raison domine tout, préside à tout, règne partout en souveraine ; elle ne doit jamais obéir en esclave, enchaînée par des formes ou subjuguée par des autorités. — Ainsi s'élèvera parmi nous une école qui, forte de la triple alliance de la philosophie, de la jurisprudence et de la littérature, puisera le droit à ses sources, l'étudiera dans ses monuments, et ne dédaignera ni les secours du style ni les ressources de l'éloquence (1). »

Cet appel était écrit en 1820. Pendant quelque temps encore il allait rester sans écho. Toutefois celui qui devait y répondre grandissait dès lors dans l'ombre du travail et de la méditation. Tout à coup sa voix inconnue se fit entendre : M. Troplong entrait dans la carrière par la publication de ses quatre volumes sur les priviléges et hypothèques. C'était en 1833. Singulier moment, à coup sûr, pour convier le public à de telles lectures. Encore frémissante d'une révolution récente, ravivée cha-

____

(1) *Coup d'œil sur l'histoire de la science du droit en France*, *Thémis* , t. II, p. 74.

que jour par des prétentions exigeantes et d'inta-
rissables déclamations, la France ne paraissait
guère en train de prendre intérêt à ces calmes
études. Mais le prestige du talent est de se faire
écouter, même lorsqu'on est le moins disposé à
l'entendre. M. Troplong, d'ailleurs, savait très-ha-
bilement appeler à son aide ce sentiment de fatigue
qui, selon Tacite, ne tarde jamais à suivre les
commotions politiques ; il plaidait éloquemment
la cause des études tranquilles et sereines devant
un auditoire épuisé par des agitations stériles.

« A cette heure, disait-il, au milieu des événements qui nous pressent, sera-t-il permis au législateur de tourner ses méditations vers les paisibles
débats de la science ? Verrons-nous renaître bientôt ces moments de calme où la solution des
grandes questions politiques laisse une place ouverte aux discussions sans aigreur qui éclairent les
intérêts civils ? Personne ne fait des vœux plus
sincères que moi pour que la France, déchargée
du poids de sinistres préoccupations, ait enfin
quelques loisirs à consacrer à des travaux que le
fracas des révolutions épouvante, que l'ambition
bruyante semble dédaigner, mais qui jamais ne
s'ajournent sans malaise pour la société. La marche

du temps n'influe pas moins sur le développement du droit civil que sur le progrès du droit public. Le crédit entre particuliers a ses crises, comme le crédit des gouvernements; la famille se modifie comme les constitutions, la propriété comme les États; et toutefois, par une injuste préférence, tous les efforts des esprits livrés aux affaires publiques semblent se concentrer aujourd'hui sur le mouvement politique, oubliant qu'il est d'autres nécessités non moins chères à l'humanité.... Il y a aussi des lauriers à cueillir dans la carrière du droit civil. Rome a gouverné le monde plus longtemps par ses lois que par ses victoires. Nos conquêtes sur l'Europe ont péri; mais nos codes, encore vivants chez l'étranger, sont là comme des monuments, pour attester que la France est toujours le foyer des lumières et la reine de la civilisation (1). »

Ainsi présenté, ce premier ouvrage eut un succès considérable. Il appela immédiatement sur son auteur l'attention du monde judiciaire. M. Troplong ne lui laissa pas le temps de se refroidir; et, pendant les années suivantes, il publia coup sur coup son commentaire de la *Vente* (1834), celui de la

(1) *Priviléges et hypothèques*, préface, p. 54.

Prescription (1835), sans compter ses nombreux et brillants articles de la *Revue de législation*, qui servaient d'intermèdes à ces publications magistrales et formaient en quelque sorte les bas-reliefs du monument principal.

Je n'ai pas à insister aujourd'hui sur les qualités éminentes de ces divers ouvrages, où tant d'aperçus étaient présentés sous une forme à laquelle on n'était pas habitué ; où les solutions les plus nouvelles étaient mises sous la tutelle des doctrines anciennes ; où les doctrines anciennes étaient elles-mêmes rajeunies par leur intervention dans le jeu des intérêts modernes ; où l'érudition savait se faire pardonner sa variété et sa profondeur par une clarté qui la rendait sans fatigue ; où tout le monde enfin subissait le charme d'un style rapide, coloré, élégant, et pourtant plein de nerf et de chaleur. Ce sont là choses dès longtemps connues et appréciées. Je m'occuperai d'ailleurs un peu plus tard de la méthode générale qui présidait à ces diverses productions. Mais à côté de ces mérites de fond, je voudrais particulièrement faire remarquer ici ce que l'on peut appeler le côté militant, la partie polémique de l'œuvre, qui n'a pas nui, on le pense bien, au soudain et général éclat de sa renommée.

C'est un intéressant chapitre de l'histoire contemporaine du Droit français.

Préparé par les profondes études auxquelles nous avons pour ainsi dire assisté, M. Troplong avait des idées arrêtées sur tous les problèmes de philosophie, d'histoire ou de jurisprudence que son sujet pouvait soulever. On peut dire qu'il y entrait en maître, mais il en connaissait aussi les premiers occupants. En stratégiste habile, il jugea donc promptement que, pour s'y asseoir solidement, il fallait commencer par ébranler ce qu'il voulait remplacer. Le Code civil, à ce moment, n'avait plus à craindre les rancunes politiques, mais il continuait d'être menacé par la superstition des praticiens et par le dédain des savants. C'est pourquoi M. Troplong se porta d'abord de ce côté, et jamais, on peut le dire, plus de vigueur, de talent, de haute et éloquente raison, ne furent mis au service d'une bonne cause. Depuis Portalis, les aspects philosophiques de la législation appelée à gouverner les intérêts privés des citoyens n'avaient jamais été exposés avec cette largeur.

S'adressant, par exemple, aux fanatiques de l'application littérale du Code, M. Troplong leur disait : « Les textes du Code ont une séve féconde qui déborde de toutes parts les ouvrages classiques du XVIIIe siècle. Vouloir la comprimer dans les limites empruntées à un autre âge de la jurisprudence, tandis qu'elle ne demande qu'à circuler et à s'étendre, c'est violer la loi du progrès et oublier qu'une science qui marche est une science qui grandit. »

Puis, comme sur ce terrain il rencontrait encore cette école qui, sous prétexte d'équité, se livre sur la loi à toutes sortes de profanations, il faut voir comme il la poursuit dans tous ses faux-fuyants. Je n'oserais pas affirmer qu'il l'ait vaincue absolument, mais jamais du moins elle n'avait reçu de coups mieux assenés.

« Il ne faudrait pas prendre pour l'équité, disait-il, les inspirations cérébrines, les idées aventureuses qui peuvent agiter les cerveaux présomptueux. Il s'est rencontré des gens qui, prenant tout de travers la conquête philosophique de Descartes, ont dit avec orgueil : A quoi bon tant de peine pour savoir ce qu'ont pensé les Grecs et les Romains sur les intérêts qui nous préoccupent ? Que nous importe l'opinion des Papinien, des Gaius, des Ulpien ? Sommes-nous soumis à la loi des citations ? Irons-nous aussi secouer la poussière qui couvre les in-folio des Barthole et des Cujas et perdre notre temps dans l'étude de tous les érudits pédants qui ont obscurci le droit au lieu de l'éclairer? Nous avons le bonheur d'avoir un Code clair, simple, facile.... Si par hasard il laisse quelques cas douteux, eh bien! nous les résoudrons à l'aide de notre raison individuelle. Le droit est une science de bon sens, et non un assemblage de subtilités artificielles; notre bon sens suffira donc à tout; quelques arrêts de la Cour de cassation, tout au plus quelques-uns des traités de Pothier, voilà désormais le bagage scientifique de l'avocat et du juge.

« J'ai entendu ces discours, et malheureusement j'en ai vu pratiquer la morale relâchée. Je les ai signalés comme funestes... Suivant moi, il y a une incroyable témérité à s'isoler systématiquement de la sagesse des anciens et des maîtres; à condamner à l'oubli le fruit de plusieurs siècles de méditations et d'expérience et tous les trésors lentement amassés de la raison écrite; à rejeter sans examen tous les travaux à travers lesquels la science est passée pour conquérir son développement et ses progrès. Le sens intime s'abuse sur ses droits, il s'expose aux plus déplorables erreurs quand il repousse l'épreuve de la controverse ou de la comparaison avec les opinions d'autrui. Qu'on ne dise donc pas que la science s'en va, ou que du moins elle est simplifiée par le retranchement d'études parasites ! Non ! C'est de la paresse et de l'orgueil, mauvais conseillers qui parent des couleurs de la vérité les élans irréfléchis d'une équité capricieuse (1). »

Ailleurs, c'est contre les partisans exclusifs de Pothier que s'élève M. Troplong. Personne assurément n'a parlé de Pothier avec un plus vif sentiment de sympathie et de respect ; personne n'a fait mieux ressortir ces qualités exquises qui le feront goûter dans tous les temps. « Pothier, si heureux pour distribuer ses matériaux avec art, pour lier les principes et les conséquences, pour tenir d'une main ferme le fil de son sujet et faire briller sur ce tout logiquement ordonné la clarté de son esprit méthodique (2)... Pothier, cet homme incomparable, l'esprit le plus français, le jurisconsulte le plus facile, le représentant le plus fidèle de tout ce que nous aimons : le bon sens, la rapidité, l'ordre, la clarté... Qui pourrait ne pas admirer cette haute raison si nette et si pure, ce style coulant d'une eau si limpide et si bien appropriée à une science que

(1) *Revue de législation*, t. XV, p. 126 et 127.
(2) *Prescription*, préface, p. 6.

l'auteur voulait rendre accessible à tous ; cette philosophie morale si équitable et si honnête ; cette érudition sans faste, si pleine à la fois de substance et de simplicité (1)? »

Mais, ces réserves faites, M. Troplong signalait aussi avec une incontestable justesse le défaut de la cuirasse. « Pothier, disait-il, a eu la gloire de contribuer à la rédaction du Code civil, comme Papinien, Ulpien et autres grands jurisconsultes de Rome ont fait les Pandectes de Justinien. Aussi y a-t-il de bons esprits qui croient que le meilleur commentaire qu'on puisse avoir sur la fin du Code civil est à peu près trouvé d'avance, et qu'il existe tout fait dans les œuvres de Pothier. Ce préjugé (je ne saurais me servir d'un autre mot) ne m'a pas empêché de me livrer avec ardeur à mon entreprise... Malgré le mérite supérieur de Pothier, il ne lui a pas été donné de tracer les limites de la science... Ses doctrines sont parfois contestables. En résumant les riches travaux des grands jurisconsultes du XVIe siècle, qu'il n'égalait pas en invention, mais qu'il possédait à merveille, il a souvent effacé leur énergie originale et pénétrante sous les formes méthodiques mais un peu sèches que le

(1) *Nantissement*, préface, p. 40.

XVIIIe siècle avait mises en honneur. Sa philosophie dénote plutôt l'honnête homme que le penseur, et, faute d'un système largement conçu, il est tantôt trop stoïcien avec les jurisconsultes romains et tantôt trop casuiste avec les Pères de l'Église (1)... »

D'ailleurs, à part les côtés faibles de Pothier, M. Troplong montrait, avec une grande finesse d'observation, que l'auteur même dont le législateur avait pour ainsi dire codifié les écrits ne pouvait pas toujours joindre à cet honneur celui d'être encore l'interprète le plus sûr de la loi qu'il avait inspirée. Car « entre une pensée écrite par un auteur qui disserte et celle que codifie le législateur qui commande, il y a tout un monde de distance. Quand une idée passe du domaine des opinions dans le domaine de la loi, mille intérêts imprévus viennent s'y rattacher et s'y confier ; ils s'emparent d'un mot et souvent d'une erreur de rédaction, devenue la propriété du public ; ils se retranchent derrière une rubrique, se font fort de la liaison et de la place d'un article, assouplissent un principe par la combinaison d'un autre principe emprunté à un autre titre ; ils lient les différentes matières traitées suc-

(1) *Commentaire de la vente*, préface, n° 1.

cessivement par le législateur et puisées à des sources diverses, pour les limiter, les balancer, les modifier les unes par les autres, et bientôt voilà des systèmes nouveaux et inaperçus qui s'échappent à l'envi de la formule légale, bien étonnée peut-être de se trouver si féconde. C'est qu'une opinion, en passant dans un Code, y contracte des alliances intimes qui développent en elle des germes mystérieux que l'isolement eût laissés stériles (1). »

Mais ce n'étaient là que des escarmouches. En stimulant un peu ceux dont le plus grand tort était de trop exclusivement aimer le Code et son véritable précurseur, M. Troplong, après tout, était encore au milieu des siens. Son dissentiment n'éclatait que par des nuances. Ses véritables adversaires étaient ailleurs, dans ce parti qui affectait de ne voir dans le Code civil qu'un lit de Procuste où la science du droit gisait mutilée, et qui en appelait sans cesse de la médiocrité du droit moderne à la supériorité écrasante du droit romain. C'est aussi pour eux qu'il réserve ses plus grands coups. Il commence par leur adresser sa profession de foi, haute, vigoureuse et nette.

« En me livrant à l'examen consciencieux du

(1) *De la Prescription*, préface, p. 3 et 4.

Code civil, dit-il, je ne dissimule pas que j'ai été dominé par l'idée de sa supériorité sur tous les travaux de codification qui l'ont précédé. J'ajouterai même que le droit dont il est l'expression me paraît le plus parfait, le plus digne d'un peuple civilisé, qui jamais ait été écrit. Cette assertion fera probablement jeter plus d'un cri de surprise et de dissentiment. Les admirateurs des jurisconsultes qui illustrèrent le siècle d'Alexandre Sévère s'inscriront peut-être en faux contre moi. Mais un mot d'explication pourra, je l'espère, nous mettre d'accord.

« Les Ulpien, les Gaius, les Papinien, seront toujours placés à la tête de la science par leur excellente logique et leurs vues profondes. Leurs décisions concises, la fermeté de leurs jugements, la finesse et la sagacité de leurs aperçus, la puissance de leur esprit analytique, sont au-dessus de tout ce que je connais.... On ne saurait trop applaudir non plus à leurs efforts pour faire prédominer dans le droit romain ces vues grandes, généreuses, libérales, dont la source est dans l'équité naturelle, à laquelle la constitution de Rome se montra si longtemps inaccessible. Mais ce qu'ils ne purent que tenter, le Code l'a pleinement réalisé ; l'impulsion progressive qu'ils commencèrent, le Code l'a devancée par un mouvement plus rapide et plus vif. A eux appartient la perfection artistique, au Code civil la perfection philosophique, et c'est celle-ci qui importe le plus aux peuples. Entre le droit qu'ils nous ont transmis et celui que le Code civil renferme, il y a toute la distance du paganisme au christianisme, du stoïcisme à la morale chrétienne. »

Et après avoir justifié cette opinion par quelques arguments M. Troplong ajoutait, en terminant :

« J'en ai dit assez pour montrer que le premier jet manque aux institutions civiles des Romains..; que l'équité humaine n'y joue pas un assez grand rôle ; qu'elle en est à ses jours de lutte et pas encore à ses jours de victoire ; tandis que le Code civil offre tous les développements du droit naturel appliqué aux intérêts privés, résume dans la même sphère tous les progrès de la liberté et de l'égalité, et correspond à tous les besoins d'un peuple humanisé. J'avoue que peut-être le Code civil est moins savant et moins élaboré que le droit romain ; mais il a une simplicité plus noble, il s'allie plus intimement avec le christianisme rationnel. On aperçoit avec évidence que l'équité y est indigène, tandis que chez les Romains c'était plutôt une étrangère de bonne maison qui n'avait pas encore obtenu ses lettres de naturalité (1). »

C'était parler d'or. Mais M. Troplong se trompait en pensant (s'il le pensait) que cette égale justice, rendue dans un langage si élevé au droit romain et au Code civil, désarmerait les critiques de la loi moderne. Il ne tarda pas à reconnaître qu'il lui faudrait revenir plus d'une fois à la charge pour en avoir raison. C'est ce qu'il fit, en termes un peu plus vifs, dans l'ouvrage qui suivit.

« Chose étrange, disait-il alors, on entend répéter tous les jours que le Code civil a rétréci l'horizon du droit, et que le temps des larges études est fini. Oui, sans doute, si l'on ne veut trouver dans ce vaste résumé que la relation de ses articles avec des fragments de Pothier, Domat et autres auteurs qui abrégèrent, dans le siècle dernier, les matériaux immenses des siècles précédents ; oui, si l'on trace autour de lui une enceinte inflexible que ces auteurs auront seuls le privilége d'éclairer. Mais *essayez un moment* de sortir de ce cercle borné ; laissez aller le droit à sa souplesse naturelle et à ses élans vigoureux ; permettez au Code de faire alliance avec les grands jurisconsultes du XVIᵉ siècle, et *de se*

(1) *Commentaire de la vente*, préface, nᵒ 3.

poser à côté du droit romain, non pour subir docile-
ment son joug, mais pour lutter en rival qui connaît
ses forces; exigez que l'interprète explique ses dispositions par l'histoire et par la philosophie, qui plus
que jamais est un des besoins des intelligences, et
dont on peut dire encore aujourd'hui, avec Cicéron :
« *Ista præpotens et gloriosa philosophia* », alors, si je
ne me trompe, ceux qui se trouvent si à l'étroit
dans le Code et semblent se plaindre d'y étouffer
seront peut-être embarrassés eux-mêmes de l'abondance
des richesses, et rabattront de leurs dédains (1). »

M. Troplong se présentait donc comme l'apôtre
d'une méthode nouvelle. Si le mot n'était pas prononcé, la chose était du moins suffisamment indiquée. Personne ne s'y trompa, et personne,
on peut le dire, ne resta indifférent à sa ten-
tative. D'une part, la largeur et la nouveauté
de ses idées, l'indépendance de son caractère à
l'égard des décisions de la jurisprudence, la solidité
de ses opinions, l'éclat de sa parole, multipliaient
ses adhérents au sein du monde judiciaire. La
presse périodique, quoique peu portée alors vers
ces études, tint à consacrer par une exception flatteuse le mérite d'une œuvre qui sortait des sentiers

(1) *De la Prescription*, préface, p. 2 et 3.

battus. Elle étendit partout, en s'en faisant l'écho, le sentiment de sympathie et d'intérêt qui s'attachait à l'auteur. C'était la première fois que des ouvrages de jurisprudence faisaient événement. J'en retrouve le témoignage sous la plume non suspecte d'un honorable jurisconsulte qui partageait alors d'autres idées : « L'apparition des ouvrages de M. Troplong, dit-il, a vivement excité l'attention générale. Nous avons vu avec étonnement une partie de la presse périodique, ordinairement peu soucieuse du droit privé, faire trêve aux débats irritants de la politique pour exprimer, dans de longs articles, l'intérêt qu'elle portait à l'œuvre et à l'auteur. Dans les écoles de droit et au Palais, l'ouvrage a produit une sensation plus profonde et surtout plus durable (1).... »

Mais, en même temps, cette sensation générale se traduisait par des jugements très-divers. A beaucoup d'éloges se mêlaient beaucoup d'attaques; et, pour que rien ne manquât à l'éclat de son succès, M. Troplong put goûter toutes les amertumes de la critique. Après trente ans passés, on peut même dire qu'elle se permit à son égard des vivacités rares. Son style, ses idées, ses doctrines, sa

(1) M. Valette, *Revue de Législation*, t. II, p. 443.

méthode, tout fut livré à une censure impitoyable.

Au surplus il faut ajouter qu'elle trouva à qui parler. M. Troplong se présenta sur la brèche où il était attaqué. « J'aime la critique, disait-il, pour moi et contre moi, non pas la critique qui cache un poignard pour blesser méchamment, mais celle qui tient le flambeau qui éclaire les pas d'un auteur égaré. » « Plusieurs de mes amis, ajoutait-il, m'ont engagé à ne pas répondre... Mais non ! Un auteur est justiciable du public devant lequel on le traduit. Tout le monde n'a pas, comme l'illustre jurisconsulte Duaren, le droit de passer fièrement devant la critique, sans relever le gant qu'elle a jeté (1). » Et, ce disant, il le relevait, en effet, avec une vigueur, une prestesse, un talent, qui faisaient de sa polémique un nouvel et puissant auxiliaire de ses idées (2) ; parfois aussi, il faut en convenir, avec une verve mordante qui pourrait à son tour paraître excessive si l'attaque n'avait pas à l'avance justifié toutes les représailles.

L'œuvre de M. Troplong était donc à la fois vivement accueillie et vivement combattue ; elle sou-

(1) *Revue de Législation*, t. XIII, p. 33.
(2) Voyez notamment *Revue de Législation*, t. XIII, p. 33 et suiv., et t. XV, p. 121 et suiv.

levait des enthousiasmes et des colères ; son succès était brillant et bruyant. Faut-il s'en étonner ? Assurément non. Novateur, il avait le sort de tous les novateurs. Ce n'est jamais impunément qu'on vient troubler le cours paisible des idées régnantes et des opinions admises. « On croit que les Français aiment la nouveauté, disait Voltaire, mais c'est en fait de cuisine et de modes ; car, pour les vérités nouvelles, elles sont toujours proscrites parmi nous ; ce n'est que quand elles sont vieilles qu'elles sont bien reçues (1). » Ce serait peut-être une vérité nouvelle, exposée au même danger, que de repousser ce privilége pour la France ; il semble pourtant que, en tout pays, l'esprit de routine, impuissant pour avancer lui-même, retrouve toujours des forces quand il s'agit d'arrêter les autres. Il livre, avant de se rendre, plus d'un combat, et quiconque l'affronte doit s'attendre à ses résistances.

Heureusement pour M. Troplong, sa foi était vive et ses forces étaient à la hauteur de sa foi. Sa méthode une fois bien indiquée, il fit mieux que la défendre, il l'appliqua. Il continua de grouper autour du Code civil les doctrines de la philosophie et les enseignements de l'histoire ; et, avec le

(1) Lettre à M. Falkener, *Commentaire historique*, t. 1, p. 329.

temps, on vit se dérouler successivement cette série de commentaires qui embrassent à l'heure qu'il est la partie la plus importante du Code Napoléon, depuis les Donations jusqu'à la fin (1). Loin de modifier ses idées, l'application ne fit que les affermir et les étendre. Tout à fait maître de son sujet et de son public, il sentit son programme s'élargir sous sa main. On put dire de lui, comme de sa renommée : *Vires acquirit eundo !* A ses débuts, en effet, M. Troplong avait surtout en vue l'intérêt du droit privé. Son ambition se bornait à faire circuler une vie nouvelle dans l'étude étiolée du Code Napoléon. Mais en parcourant ce champ limité, il sentit ses forces grandir et son esprit s'élever dans une sphère supérieure. La loi civile, si humble et si modeste dans ses applications à nos intérêts journaliers, lui apparut comme une des manifestations particulières du droit universel. Il comprit dès lors que le droit civil, ce droit qui touche à tout le monde et à qui tout le monde a affaire, pouvait devenir, dans des mains exercées, le cadre le plus favorable pour le développement et la propagation des principes régulateurs de

(1) Une table générale, faite avec soin et comprenant l'ensemble de ces commentaires, serait bien utile pour la pratique.

toute la vie sociale. Ainsi lui vint la pensée de réunir et de fondre dans une étude commune les deux jurisprudences que Cicéron reprochait aux légistes de son temps d'avoir divisées : l'une, simple et vulgaire, à l'usage du menu peuple, la jurisprudence « des gouttières et du mur mitoyen (1) ; » l'autre, grande et sublime, qu'il faut aller chercher, non dans l'édit du préteur, mais dans les intimes profondeurs de la philosophie (2) : guide infaillible qui, une fois accepté, nous conduit naturellement à la source de toutes les lois et de tous les droits (3).

Au surplus, je ne suppose rien. C'est M. Troplong lui-même qui nous a livré le secret de son dessein, dans les lignes qui terminaient ce qu'il considérait comme la première partie de son œuvre. On peut en juger par ce passage, que, malgré son étendue, je ne puis me dispenser de transcrire tout entier. On n'analyse pas de tels résumés.

« A l'heure qu'il est, disait-il, il est permis de

(1) « De stillicidiorum ac de parietum jure. » *De Legibus*, 1, 4.

(2) « Non ergo a prætoris edicto, neque a XII Tabulis, sed penitus ex intima philosophia hauriendam juris disciplinam. » *Ibid.* 1, 5.

(3) « His enim explicatis, fons legum et juris inveniri potest. » *Loc. cit.*

penser que le Code civil, résumé des progrès de la société moderne dans l'ordre des rapports privés, ouvre une carrière dans laquelle la science doit se montrer sous des formes nouvelles. Le Droit, depuis l'avénement du gouvernement représentatif, pénètre par toutes les issues de la vie civile et politique. Ce n'est plus un instrument propre à certains hommes spéciaux ; il s'adresse à toutes les carrières, au négociant, au député, au diplomate, etc., etc. Vous le voyez monter à la tribune comme dans les jours de grandeur décrits par Cicéron (1) ; il est dans l'administration, dans les traités de paix, dans les rapports de l'État et du sacerdoce, dans les élections, dans les industries vieilles ou naissantes, etc. Ce siècle, qui discute tout, veut se rendre compte de tout au point de vue du droit, et l'on peut dire aujourd'hui avec autant de raison que du temps où Rome recherchait pour le maniement des affaires des citoyens capables : *Neque legum aut juris civilis scientia negligenda est* (2).

« Ne faudra-t-il donc pas que le droit parle à toutes les vocations empressées autour de lui un

(1) *De Oratore*, 1, 40.
(2) Cicéron, *ibid.*, 1, 5.

langage qui réponde à leurs besoins? N'aura-t-il pas quelques paroles pour leur montrer qu'il ne consiste pas dans certaines formules convenues, ou dans des traditions acceptées de confiance sur la foi des grands écrivains d'autrefois, mais qu'il prend sa base dans les profondeurs de la philosophie (1), son développement dans le développement social, son esprit dans l'esprit des institutions et des mœurs? Voyez d'ailleurs la marche des autres sciences. L'histoire, qui jadis avait oublié le droit, s'en souvient désormais : le droit ne se souviendra-t-il pas de l'histoire? La philosophie, mieux dirigée par ses habiles maîtres, tient grand compte de l'élément du droit : le droit ne tiendra-t-il aucun compte de la philosophie? Je ne blâme pas les livres élémentaires, je ne blâme pas les livres de pure pratique. J'estime dans leur mesure Delvincourt et Pigeau ; mais tout le droit moderne n'est pas en eux. Tout le droit ancien n'est pas même dans Pothier, un bien autre homme qu'eux. Pour mon compte, je ne consentirai jamais à laisser à l'écart les Cujas, les Montesquieu, les Grotius et les Vico, et je crois que la génération à laquelle je m'adresse est de mon avis. On crie

(1) « Ex intima philosophia. »

beaucoup contre ce qu'on a coutume d'appeler, à tort ou à raison, l'esprit avocat, et par là on entend l'esprit contentieux, mesquin, formaliste. Essayons donc d'un système d'études qui arrache la jurisprudence à une froide et étroite argumentation, et lui donne pour moyen d'action ces grands leviers qui remuent l'intelligence et l'agitent d'un puissant intérêt. Les légistes ont beaucoup fait autrefois, et même depuis un demi-siècle, pour la noble cause de la civilisation; pour faire beaucoup encore dans l'avenir, l'esprit légiste, s'il ne veut pas rester infidèle à ses destinées, doit s'inspirer de l'esprit nouveau qui vivifie notre société. Nous possédons de belles lois et des codes admirables; j'espère que nous en jouirons longtemps encore, à moins qu'un triste malaise, qui se trahit par les plus malheureux essais de réforme, ne vienne nous les gâter. Embrassons, pour les interpréter, une marche qui satisfasse le besoin d'investigation rationnelle et la curiosité savante d'une époque qui agit, qui raisonne, mais qui dans ses actes et ses pensées recherche surtout la plus grande chose de ce monde, lé droit; non pas ce droit qui se traduit en petites discussions sur un texte, en petits efforts sur des pointilles, en puériles argumentations sur des thèses en l'air (ce droit-là est décrié autant que le fut à Rome dans un certain temps la science des augures) ; mais le droit qui remonte à la source des lois, qui s'appuie sur la morale et la philosophie, qui s'inspire de l'histoire, qui s'inquiète des antécédents, qui montre à la pratique l'éternel empire du juste, qui se met en équilibre avec les nécessités du commerce et les intérêts publics, etc.

« Ce droit, tout le monde le recherche en France ; on en comprend l'utilité ; on sent qu'il doit entrer dans l'éducation de quiconque se destine à l'administration et à la politique autant qu'au barreau et à la magistrature. On veut le connaître dans ses sources historiques, philosophiques et morales, afin de pouvoir s'en aider comme d'un caducée, non-seulement dans la vie privée, mais encore dans la vie publique à la quelle chacun est aujourd'hui convié. C'est ce droit dont nous avons cherché à être l'interprète, et nous nous sommes dit, au risque de tenir un langage trop superbe :

Si canimus silvas, silvæ sint consule dignæ. »

Voilà comment M. Troplong comprenait sa tâche. Il nous reste à savoir comment il l'a remplie. Mais

dès à présent il saute aux yeux que nul commentateur, depuis que le Code existait, ne l'avait en-
visagée sous cet aspect grandiose. C'est bien là, si
je ne me trompe, la nouvelle école de jurisconsultes qu'attendait Jourdan. Nous pouvons continuer la citation de Virgile :

Jam nova progenies cœlo demittitur alto.

CHAPITRE V

Cicéron, dans ses dialogués sur l'Éloquence, fait quelque part exposer par Crassus ses idées générales sur l'art oratoire. Crassus, comme on doit s'y attendre, s'exprime dans un langage éclatant et enthousiaste ; et lorsqu'il a fini d'esquisser le magnifique programme qu'il propose à l'orateur, tous ses auditeurs, suspendus par l'admiration, se recueillent dans un silence qui vaut tous les éloges. A la fin pourtant, Cotta se hasarde à penser que ces brillantes généralités auraient peut-être besoin d'être complétées par quelques conclusions plus précises. « Je ressemble, dit-il, à un homme qui vient d'entrer dans une maison splendide, remplie des objets les plus précieux, mais dont les meubles, l'argenterie, les statues et les tableaux, couverts d'un voile, resteraient soigneusement cachés. Je ne saurais prétendre qu'ils me soient tout à fait inconnus, et je ne puis pourtant affirmer non plus que j'en aie une notion bien claire.

— Que ne faites-vous donc, reprend alors Scévola, comme vous feriez dans cette maison merveilleuse dont vous parlez, si les meubles qu'elle renferme étaient cachés à vos yeux ? Désirant les voir, vous n'hésiteriez pas sans doute à prier le possesseur de vous les montrer. Adressez-vous de même à Crassus. Il a accumulé dans un étroit espace des richesses qu'il ne nous a laissé voir qu'en passant : priez-le donc de nous les exposer en détail, en mettant chaque objet à la place qui lui convient (1). »

(1) *De Oratore*, liv. 1, chap. xxxv

Cette ingénieuse fiction me revenait en mémoire en lisant tout à l'heure le brillant programme tracé par la plume de M. Troplong. Rien ne ressemble mieux au palais qu'admirait Cotta ; mais sur cette vue générale, les meubles précieux qui l'embellissent, sans nous rester complétement inconnus, ne nous apparaissent pas non plus bien distinctement. Il est très-difficile, j'en conviens, et fort téméraire, de prétendre soulever le voile qui les couvre. Je partage complétement là-dessus le sentiment de Scévola : c'est à Crassus lui-même qu'il faudrait pouvoir s'adresser pour faire dignement les honneurs de sa maison. Mais, à défaut de ce guide qu'on aimerait à suivre et à entendre, et qu'aucun autre ne saurait remplacer, il faut cependant essayer de nous orienter dans ses riches et vastes domaines.

En deux mots, je voudrais arriver, si je le puis, à me rendre bien compte des doctrines et de la méthode de M. Troplong. Non pas que je songe à reproduire, ni même à rappeler les innombrables opinions qu'il a été appelé à formuler dans ses livres : on n'analyse pas un commentaire, c'est-à-dire l'analyse elle-même ; mais je voudrais essayer de démêler le fil conducteur qui a guidé ses pas avec tant de sûreté dans cet immense labyrinthe ; chercher à faire ressortir les traits principaux de sa méthode et de son système d'interprétation ; préciser enfin ce que l'on peut appeler ses principes dirigeants. Ballanche disait : « Vous voyez une voûte hardie se soutenir d'elle-même ; si vous voulez savoir comment cette voûte a pu être construite, il faut que vous rétablissiez par la pensée l'échafaudage dont la charpente a disparu, et sans lequel la voûte n'existerait point à présent (1). » C'est précisément cet échafaudage qu'il s'agirait de rétablir, en interrogeant les vestiges qui permettent d'en reconnaître le dessin. Mais j'ai besoin qu'on me pardonne, en faveur de l'intention, l'analyse froide et décolorée sous laquelle va fatalement disparaître le charme de tant de pages éloquentes.

M. Troplong, lorsqu'il commença de méditer ses commentaires sur notre droit civil, trouvait la jurisprudence partagée entre diverses sectes qui offraient pour cette étude des méthodes différentes. En Allemagne, l'école philosophique avec ses abstractions, et l'école historique avec ses inévitables anachronismes, continuaient à se livrer de rudes

(1) *Essai sur les institutions sociales*, p. 43.

combats (1). En Angleterre, l'école utilitaire ou économique obtenait une prépondérance marquée. En France, et pour des causes déjà indiquées, l'école exégétique, particulièrement préoccupée de l'interprétation des textes et assez indifférente aux luttes doctrinales, tenait le premier rang.

L'idée de fondre toutes ces méthodes dans un large système, qui fût pour le droit ce que l'enseignement de M. Cousin avait été pour la philosophie, recueillant la vérité dans tous les camps, acceptant tous les auxiliaires, et frayant sa route à travers les broussailles de toutes les écoles, devait naturellement séduire un esprit à la fois pratique et élevé, unissant la rectitude à l'érudition, plein d'ardeur dans la controverse, et pourtant modéré dans ses opinions. Ce fut l'ambition de M. Troplong. Lui-même nous l'apprend dans ce passage déjà cité : « Le droit est la plus grande chose de ce monde ; non pas ce droit qui se traduit en petites discussions sur un texte, en petits efforts sur des pointilles, en puériles argumentations sur des thèses en l'air... ; mais le droit qui remonte à la

______

(1) Voyez à ce sujet un intéressant article de M. Vuy, sur l'école historique et l'école philosophique, par M. Thibaut, *Revue de Législation*, t. X, p. 321.

source des lois, qui s'appuie sur la morale et la philosophie, qui s'inspire de l'histoire, qui s'inquiète des antécédents, qui montre à la pratique l'éternel empire du juste, qui se met en équilibre avec les nécessités du commerce et les intérêts publics... C'est ce droit dont nous avons cherché à être l'interprète... (1). » Sa pensée fondamentale, si je la saisis bien, a donc été de réunir et de concilier, dans un vaste éclectisme, les différentes sectes philosophiques, historiques, économiques qui se disputaient le domaine de la jurisprudence. L'entreprise était certes grande et noble ; dans l'état contemporain de la science, la concevoir était déjà une mâle résolution. Il faut voir comment il l'a réalisée.

On a dit de l'éclectisme qu'il était le système de ceux qui n'en ont point. J'en demande pardon aux esprits superbes qui l'ont prononcé, mais ce jugement est plus piquant que juste. L'éclectisme, sans doute, fait profession de tolérance pour toutes les idées vraies, et c'est même par là qu'il suscite la coalition de celles qu'il repousse ; il rêve l'alliance de tous les principes justes sous quelque drapeau qu'il les rencontre. C'est là son désir et sa

(1) *Nantissement*, préface, p. 45.

tendance. Cependant, s'il restait dans ces formules générales, il ne serait guère que le vœu de toute intelligence ouverte et impartiale. Mais déterminer les conditions de cette alliance, trouver le terrain neutre où tous ces principes divergents peuvent se donner la main, c'est là qu'est le grand travail ; c'est par ce côté que l'éclectisme lui-même redevient un véritable et grand système à qui il faut ses principes, ses lois, son drapeau. En refusant de s'attacher à telle ou telle école pour les concilier toutes, M. Troplong se condamnait donc à tracer de sa propre main la voie qui convenait à son dessein.

Son premier soin fut de se ranger hautement sous la bannière du spiritualisme, de cette noble philosophie qui, sans méconnaître les liens matériels qui l'enveloppent, se plaît à exalter la partie morale et supérieure de la nature humaine. Sa foi à cet égard est ferme, nette et sans mélange : « *La philosophie spiritualiste*, dit-il, *à laquelle j'appartiens tout entier* (1). »

Or, le spiritualisme, quand il pénètre dans la jurisprudence, est cette doctrine qui proclame une loi supérieure et antérieure à toutes les lois écrites,

____

(1) *Revue de législation*, t. XIII, p. 37.

et qui faisait dire à Portalis, dans le titre préliminaire du Code Napoléon : « Il existe un droit universel et immuable, source de toutes les lois positives ; il n'est que la raison naturelle, en tant qu'elle gouverne tous les hommes (1). »

La doctrine contraire est celle pour qui la loi écrite est le droit tout entier. Rien n'est bien, rien n'est mal que ce qui est écrit et promulgué. Le bien, c'est ce que le législateur prescrit ou permet ; le mal, c'est ce qu'il défend. Sa main toute-puissante ne reconnaît point d'entraves ; sa volonté arbitraire n'admet point de frein. Il suffit qu'elle s'exprime pour fermer la bouche à la raison asservie. Le droit devient ainsi, comme le lui reprochait Cicéron, une science de mots, tout occupée de lettres et de virgules (2). La jurisprudence descend dans le domaine de la grammaire ; devenue indifférente à l'équité, elle n'a d'autre règle que les formules de la loi (3).

Quoi qu'on puisse penser d'un tel système, personne n'ignore qu'il a rencontré des adhérents

(1) Fenet, *Travaux prépar. du Code*, t. II, p. 1.
(2) Cicéron, *Pro Murena*, § XI : «Res enim sunt parvæ, prope in singulis litteris atque interpunctionibus occupatæ. »
(3) *Ibid.*, § XII : « In omni denique jure civili æquitatem reliquerunt, verba ipsa tenuerunt. »

à toutes les époques (1). On sait aussi, ce qui nous touche de plus près, qu'il a eu la fortune de se voir défendu à la fin du siècle dernier, avec une grande vigueur et de grands efforts de talent, par le jurisconsulte anglais Jérémie Bentham. « Le droit proprement dit, écrivait Bentham, est la créature de la loi... Quand on dit que la loi ne peut pas aller contre le droit naturel, on emploie le mot *droit* dans un sens supérieur à la loi ; on reconnaît un droit qui attaque la loi, qui la renverse et l'annule. Dans ce sens antilégal, le *droit* est le plus grand ennemi de la raison et le plus terrible destructeur des gouvernements (2). »

(1) Surtout dans les sectes philosophiques de l'antiquité. Diogène-Laerce nous en fournit quelques exemples dans ce qu'il nous a transmis de leurs doctrines, notamment de celles d'Archélaüs, d'Aristippe et de Pyrrhon.

Archelaus : « Justumque et turpe non natura constare, sed lege et moribus.. » (*Vitæ philosoph.*, liv. 2, chap. iv, n° 3 ; édit. *Gréco-lat.*, par M. Boissonnade, p. 37.)

Aristippe : « Nihilque natura justum esse aut honestum vel turpe, sed lege et consuetudine » (*Ibid*, liv. 2, chap. viii, n° 8, p. 54.)

Pyrrhon : « Negabat enim quicquam honestum esse aut turpe, justum vel injustum : eadem ratione et in omnibus nihil vere esse, sed lege atque consuetudine cuncta homines facere.» (*Ibid.*, liv. 9, chap. ii, n° 3, p. 242.)

(2) *Traité de législation civile et pénale*, t. II, édit. de 1820, p. 128 et 129.

Redoutable problème, en effet, et que l'habile polémiste met ici dans tout son relief. Mais ne cherche-t-il pas à nous effrayer plutôt qu'il ne réussit à nous convaincre, en faisant mouvoir comme des fantômes les graves conséquences qu'il nous montre ? Je le crois. En relisant ces critiques sous le titre : « *Des fausses manières de raisonner*, » je serais tenté de dire que Bentham ajoute l'exemple au précepte ; car il confond deux choses tout à fait dissemblables et qu'il n'est pas permis de prendre l'une pour l'autre, à savoir : l'obéissance pratique et l'indépendance scientifique. Expliquons-nous.

Oui, certes, il y aurait folie à revendiquer pour chacun la liberté de n'obéir aux lois écrites que s'il les trouve conformes à la loi naturelle ou à l'idée qu'il s'en fait. Autant vaudrait supprimer toutes les lois et proclamer que chacun fera ce qu'il voudra : le système serait le même, avec une fiction de moins. Mais, en sens inverse, convenons-en, la folie serait égale (1) à prétendre que toutes les lois sont justes pourvu qu'elles soient écrites. Je n'examine pas avec quelques philosophes (2) s'il est des cir-

(1) *Stultissimum*, dit Cicéron (*De Legibus*, liv. 1, § 15).
(2) Par exemple, l'austère et illustre Royer-Collard disant :

constances où la morale et l'humanité permettent de les violer. Ces circonstances, s'il en existe, sont des crises suprêmes qui portent avec elles leur justification. Les règles ordinaires n'ont rien à y voir. Car, à quoi servirait de s'abuser? La philosophie, qui fait profession de vérité, doit savoir que dans ces terribles moments sa voix n'est pas écoutée. C'est aux esprits calmes et revenus à la santé qu'elle s'adresse pour être entendue.

Que leur dit-elle? Deux choses. La première, c'est que la loi, bonne ou mauvaise, est la loi ; elle commande l'obéissance et doit l'obtenir. En ce sens, Montaigne a eu raison de dire : « Les loix se maintiennent en crédit, non parce qu'elles sont justes, mais parce qu'elles sont loix : c'est le fondement mystique de leur auctorité (1). »

«Hélas! nous avons traversé des temps où, l'autorité de la loi ayant été usurpée par la tyrannie, le mal fut appelé bien, et la vertu crime. Dans cette douloureuse épreuve, *nous n'avons pas cherché la règle de nos actions dans la loi, mais dans nos consciences : nous avons obéi à Dieu plutôt qu'aux hommes.* Fallait-il, sous le gouvernement légitime, nous ramener à ces souvenirs déplorables? *Nous y serons fidèles.* Nous sommes les mêmes hommes qui ont fabriqué des passeports et rendu peut-être de faux témoignages pour sauver des vies innocentes. Dieu nous jugera dans sa justice et sa miséricorde. » (*Vie politique*, par M. de Barante, t II, p. 295.)

(1) *Essais*, liv. 3, chap. xiii, p. 424.

Mais, après avoir ainsi fait la part de la loi, la philosophie entend faire aussi celle du droit. C'est pourquoi elle ajoute que l'obéissance n'est pas l'adhésion, encore moins l'affection. On obéit à la loi parce qu'elle est, mais on n'y adhère que parce qu'elle est juste. Pour régner sur les âmes aussi bien que sur les actes, les lois ne sont pas dispensées d'avoir raison. Si elles l'oublient, il est permis à la conscience de les juger à son tour (1) ; et pour les juger elle n'a d'autre règle qu'elle-même, c'est-à-dire la loi morale, « ce témoin intérieur qui plaide au dedans de nous pour la vérité (2) ; » cette loi supérieure, innée, que les hommes n'ont point faite et qu'ils ne sauraient abolir ; « cette grande loi que l'on a coutume d'ap-

(1) C'était, au siècle dernier, l'opinion de Servan, et c'est la vraie. « Ne m'accusera-t-on point, disait Servan, de manquer au respect que nous devons aux lois ? Hommes sages ! dites-moi si j'outrage la loi, parce que j'en désire de plus parfaites. Je le déclare aux hommes timides, adorateurs superstitieux de tout usage antique ; je le déclare aux hommes violents qui mettent la tête de la justice dans un nuage et ne laissent voir que ses bras ; je le déclare à tous : tant que nos lois criminelles subsisteront, *je ne cesserai jamais de les respecter comme citoyen ;* je ne cesserai jamais de travailler à les faire respecter comme magistrat. *Mais comme ami de l'humanité, j'en désirerai souvent la réformation.* » (Discours sur l'administration de la justice criminelle, *Barreau français,* t. IX, p. 391.)

(2) Massillon, *Évidence de la loi* (édit. Renouard, t. IV, p. 6).

peler droit naturel, et qu'on pourrait nommer plus justement droit divin, parce qu'il est un rayon de Dieu tombé dans l'humanité (1). »

Aussi l'on a beau dire, cette croyance dans une loi supérieure résistera à toutes les attaques, parce qu'elle est non-seulement une inspiration, mais un besoin de l'esprit humain. Loin de menacer les gouvernements, elle les soutient en les contenant ; et s'il est vrai qu'elle soit une arme puissante, c'est une arme défensive indispensable à la sécurité des hommes. Vous rappelez-vous cette admirable poésie dans laquelle Lucrèce nous représente, au seuil de la vie, semblables au naufragé jeté par la tempête sur une côte inhospitalière ?

> Tum porro puer, ut sævis projectus ab undis
> Navita, nudus humi jacet, infans indigus omni
> Vitali auxilio.....
> Cui tantum in vita restet transire malorum (2) !

C'est l'enfant qui arrache au poëte ces accents émus ; mais sous ce tableau douloureux ce n'est pas seulement l'enfant à son berceau, c'est l'homme lui-même que j'aperçois dans toutes les épreuves de

(1) M. Troplong, *Revue de législation*, t. XV, p. 23.
(2) *De Natura rerum*, liv. 5, v. 223 et suiv.

sa destinée. Voyez : L'enfant a grandi, ses membres se sont développés, sa puissance paraît bien redoutable, et cependant, placé en face de la société, qu'est-il autre chose que le pauvre naufragé dont parle le poëte ? Les flots humains qui l'environnent n'ont qu'à le vouloir pour le submerger. Seul contre tous, il ne peut que succomber. Faudra-t-il tant d'efforts pour écraser ce roseau ? Non sans doute ; — mais, répondrai-je avec Pascal, ce roseau est *un roseau pensant* et sa pensée lui révèle un défenseur. Sans avoir lu aucune loi écrite, il sent qu'une égide invisible et toute-puissante le couvre et le protége. Cette armure invincible, c'est la loi morale, c'est le sentiment du juste et de l'injuste ; cette frontière infranchissable qui s'élève entre lui et la société menaçante, c'est le sentiment inné du droit ! C'est pourquoi l'homme faible, isolé, sans défense, se rassure au sein du péril environnant ; il vit tranquille au milieu de ses semblables, parce qu'il a, selon la belle parole de Kant, *le ciel étoilé sur sa tête et le droit dans son cœur.*

Viendrez-vous maintenant dire à cet homme que ce sentiment qui tout ensemble le fortifie et le maîtrise lui-même n'est qu'une pure chimère ? Vous le pourrez, ô philosophe ! et l'homme est si indulgent et si faible qu'il consentira même parfois à admirer la force et l'habileté des coups dont vous le frappez. Mais le succès sera pour l'artiste et non pour la doctrine. Au fond, l'homme ne vous croira pas. Sans aller aussi loin que de Maistre, pour qui ce qui est écrit n'est rien, il n'admettra jamais que ce qui est écrit soit tout. En professant de son respect pour les lois positives, sa foi tout entière restera attachée à la pensée d'un droit supérieur à la loi humaine, à la croyance d'une loi souveraine qui juge les lois, comme il croit à un juge suprême qui juge les justices.

Aussi bien, faut-il ajouter que l'humanité a été encouragée dans ces idées par ceux que leur génie ou leurs lumières ont constitués ses instituteurs. Philosophes, publicistes, jurisconsultes, tous lui ont répété qu'elle avait raison d'y persévérer. J'ai déjà cité Portalis, l'un des derniers; je pourrais rappeler avant lui Socrate, qui distinguait déjà la loi qui est de la loi qui a été faite (1); Cicéron, dont le célèbre passage a été tant de fois cité (2);

(1) Cité par Fénelon, *Essai sur le gouvernement civil* : De la loi.

(2) *De Republica*, III, 17 : « Est non scripta sed nata lex; ad quam non docti, sed facti; non instituti, sed imbuti sumus. Huic legi nec abrogari fas est, neque derogari ex hac aliquid

Bossuet, dont on connaît la grande parole : « Il n'y a point de droit contre le droit (1) ; » Montesquieu, dont la comparaison ingénieuse est dans toutes les mémoires (2) ; Domat (3), d'Aguesseau (4), Royer-

licet, neque tota abrogari potest. Nec vero aut per senatum, aut per populum, solvi hac lege possumus. Neque est quærendus explanator, aut interpres ejus alius. Nec erit alia lex Romæ, alia Athenis ; alia nunc, alia posthac ; sed et omnes gentes, et omni tempore, una lex continebit, unusque erit communis quasi magister, et imperator omnium, Deus, ille legis hujus inventor, disceptator, lator..... »

(1) Cinquième avertissement aux protestants : « Qui a jamais imaginé... qu'il y eût un droit de renverser le droit même, c'est-à-dire une raison pour agir contre la raison ; puisque le droit n'est autre chose que la raison même, et la raison la plus certaine, puisque c'est la raison reconnue par le consentement des hommes ? »

(2) *Esprit des Lois*, liv. I, chap. I : « Avant qu'il y eût des lois faites, il y avait des rapports de justice possibles. Dire qu'il n'y a rien de juste et d'injuste que ce qu'ordonnent ou défendent les lois positives, *c'est dire qu'avant qu'on eût tracé le cercle tous les rayons n'étaient pas égaux.* — Il faut donc avouer des rapports d'équité antérieurs à la loi positive qui les établit. »

(3) *Traité des Lois*, chap. I, IX et XI.

(4) *Institution au droit public*, édit. Didot, p. 329, 357, etc.: « Le droit naturel consiste dans ces lois primitives qui, étant également reconnues parmi les hommes, même par ceux qui les violent, sont regardées avec raison comme gravées dans le fond de notre être par la main de son auteur... C'est ainsi que tous rendent témoignage à ce droit, supérieur à tout autre, qui est né, pour ainsi dire, avec nous, et qui a précédé tous les préceptes et toutes les lois... *C'est à cette loi que tous les hommes appellent toujours leurs semblables comme à la conservatrice et la protectrice du genre humain.* »

Collard (1), Guizot (2) et bien d'autres (3), parmi lesquels on comptera désormais M. Troplong.

« Je crois, dit-il, à l'existence d'un droit naturel, supérieur à l'homme et condition de sa nature sociale. Rien ne me paraît plus faux et plus dégradant pour l'humanité que le système contraire, renouvelé d'Archélaüs par M. Bentham, et qui veut que toutes nos actions soient indifférentes, quand il n'y a pas une convention faite entre les hommes pour les rendre licites ou les défendre. A mon sens, il est des règles antérieures à toutes les lois posi-

(1) « Toujours nous avons eu des droits réputés inviolables et supérieurs à la puissance législative.» (*Vie politique*, t. II, p. 132).

(2) *Histoire de la civilisation en Europe*, 2ᵉ leçon, à propos de l'influence de l'Église au moyen âge : « Elle entretenait, elle répandait l'idée d'une règle, d'une loi supérieure à toutes les lois humaines ; elle professait *cette croyance fondamentale pour le salut de l'humanité*, qu'il y a, au-dessus de toutes les lois humaines, une loi appelée, selon les temps et les mœurs, tantôt la raison, tantôt le droit divin, mais qui toujours et partout est la même loi sous des noms divers. »

(3) Je ne puis les nommer tous. Je ferai cependant une exception pour l'auteur d'un remarquable travail (publié en 1838 dans la *Revue de Législation*, t. IX, p. 184, sous le titre : *Du Droit et de la Loi*), M. Massot, alors procureur du roi à Perpignan et aujourd'hui premier président de la Cour impériale de Rouen. La question y est traitée avec une hauteur de pensée et une mâle vigueur de style qui font d'un simple article une œuvre durable et qui révélaient, dès cette époque, les fortes qualités qui distinguent l'éminent magistrat.

tives, et je ne saurais admettre que les mouvements de la conscience et l'idée du droit soient l'ouvrage du législateur. Ce n'est pas la loi qui a fait la famille, la propriété, la liberté, l'égalité, la notion du bien et du mal, etc. Elle peut sans doute organiser toutes ces choses, mais elle ne fait alors que travailler sur le fonds que la nature lui a donné, et elle est d'autant plus parfaite qu'elle se rapproche davantage de ces lois éternelles, immuables, innées, que le Créateur a gravées dans nos cœurs (1). »

M. Troplong est donc franchement, largement spiritualiste ; selon sa parole, il l'est « *tout entier* ». Mais, ce premier pas franchi, il se trouvait à l'instant même en présence d'un nouveau problème. Car, s'il est entendu qu'il y a quelque chose au delà des textes, et que la loi n'est que la formule humaine et changeante d'une pensée supérieure et inspiratrice, il faut immédiatement savoir sous l'empire de quelles influences et dans quel esprit cette formule a été cherchée et adoptée.

Au moment où M. Troplong avait à la résoudre, je ne vois pas qu'aucun de ses devanciers ait imaginé de se poser cette question. Ils s'accordent bien

(1) *Commentaire de la vente*, préface, n° 3, en note.

pour nous dire que dans l'interprétation des lois il faut consulter non-seulement la lettre, mais surtout l'esprit : *non verba tantum, sed vim ac potestatem.* Cela est élémentaire. Mais je n'aperçois pas, je le répète, qu'aucun d'eux, s'élevant au-dessus du détail de l'interprétation, ait cherché à dégager l'idée dominante et le souffle inspirateur que je serais tenté d'appeler l'âme du Code civil. Pour M. Troplong, au contraire, cette recherche était la conclusion naturelle de toutes ses études antérieures. En commençant l'explication de la loi qui est comme la charte de notre existence privée, il se posa donc cette question : Quel est l'esprit dominant du Code civil? — A quoi il répondit, sans hésiter : C'est l'*esprit démocratique* (1).

On a, depuis, beaucoup usé de ce mot; on en a usé et abusé. M. Troplong lui-même l'a repris en 1848, lorsqu'une révolution récente obligea toutes nos institutions à justifier de leur orthodoxie. Il a entrepris alors de prouver, par une démonstration en règle, la vérité de son premier aperçu. Nous reviendrons plus tard sur ce travail. Mais ici, n'y-a-t-il pas justice à rappeler qu'il exprimait cette opi-

____

(1) *Commentaire de la vente*, t. I, n° 40 ; —*Revue de législation*, t. XIII, p. 43 et 44 ; etc., etc.

nion dès 1834, et qu'il ne faisait, en la reproduisant plus tard, que rester fidèle à d'anciennes convictions? Heureux ceux qui, dans des jours troublés, n'ont rien à changer au langage qu'ils ont tenu dans les temps calmes!

J'ajoute qu'en 1834 cette doctrine était presque une nouveauté; jamais du moins la prépondérance de l'esprit démocratique n'avait été reconnue avec cette franchise. La tribune de la Restauration avait bien un jour entendu M. de Serre s'écrier, avec un sentiment d'amertume : « La démocratie coule à pleins bords. » A quoi M. Royer-Collard répondait, avec une satisfaction peut-être plus oratoire que réelle : « Oui, elle coule à pleins bords dans cette belle France, plus que jamais favorisée du ciel. Que d'autres s'en affligent ou s'en courroucent ; pour moi, je rends grâce à la Providence de ce qu'elle a appelé aux bienfaits de la civilisation un plus grand nombre de ses créatures (1). » Mais ces paroles s'échangeaient dans

____

(1) *Sa vie politique*, par M. de Barante, t. II, p. 134.

Si je semble apporter à l'explosion de ce sentiment démocratique quelques réserves, c'est que M Royer-Collard nous a expliqué lui-même qu'il n'entendait parler alors que de la démocratie *dans la société*. Quant à la démocratie dans le gouvernement, voici ce qu'il en pensait : « C'est, messieurs, que la démocratie

les hautes régions de la politique, tandis que
M. Troplong ne s'occupait que du droit privé.
C'était donc la première fois, si je ne m'abuse,
que la voix d'un jurisconsulte proclamait ainsi
l'empire réel et légitime de l'idée démocratique
dans la loi commune destinée à régir nos intérêts
journaliers.

Maintenant, si l'on veut savoir quel sens M. Troplong attachait à cette idée, il suffit de se reporter
à tous les enseignements que nous a déjà fournis
l'examen de ses doctrines. Pascal, voulant railler
nos perpétuelles vacillations, croyait leur donner
le dernier coup en s'écriant : « Le droit à ses époques ! » Mais ce qui n'est dans la bouche du philosophe qu'une ironie à l'adresse de l'imbécillité humaine, devient une vérité toute simple si l'on veut
suivre le conseil qu'il nous donne ailleurs « de n'a·
buser jamais de l'équivoque des termes ». Non,
quoi qu'en dise le grand contempteur de la raison,
le droit n'a pas d'époques, si l'on veut parler du
droit naturel ; car ce droit, dans son essence, est in-

dans le gouvernement est incapable de prudence ; c'est qu'elle
est, de sa nature, violente, guerrière, banqueroutière. Avant
donc de faire un pas décisif vers elle, dites, dites un long
adieu à la liberté, à l'ordre, à la paix, au crédit, à la prospérité. » (*Loc. cit.*, t. II, p. 469.)

variable et immuable comme un point fixe dans la vérité. Mais si l'on désigne par ce mot impropre l'ensemble des lois que les hommes ont faites, oui certes, le droit, c'est-à-dire la loi positive, a ses époques. « Ce qui change, comme le dit très-bien M. Troplong, ce n'est pas ce droit éternel dont la révélation arrive à l'humanité par une action incessante et nécessaire; c'est la forme que l'humanité lui donne, ce sont les institutions qu'elle édifie sur sa base immuable (1). » Or, ces institutions, précisément parce qu'elles sont de main d'homme, varient essentiellement suivant les principes politiques sous l'influence desquels se meut l'humanité. Le caractère du droit aristocratique, par exemple, est d'être étroit et jaloux, formaliste et minutieux, dur et orgueilleux (2). Les lois civiles elles-mêmes reçoivent donc son empreinte et forment un des anneaux de la chaîne dans laquelle il enveloppe la société; elles sont dans ses mains un des instruments de son universelle domination, *instrumentum regni*. Au contraire, l'élément démocratique, dans sa véritable acception, a pour mission de rompre avec ces traditions de la rai-

(1) *Revue de législation*, t. XIII, p. 39.
(2) M. Troplong, *Revue de législation*, t. II de 1848. p. 130.

son d'État, d'éliminer tout élément despotique
dans l'organisation du droit positif, et d'inaugurer
le règne du droit humain, c'est-à-dire du droit naturel et de l'équité. M. Troplong, lorsqu'il caracté-
risait ainsi l'esprit du Code civil, entendait donc
que ce Code, expression d'une époque démocratique,
avait placé l'édifice de nos institutions civiles sur
les bases fondamentales et essentielles de la démocratie, la liberté, l'égalité et l'équité. D'où suit que
le commentaire de cette loi, s'il veut être fidèle,
doit avant tout s'inspirer de cette pensée, pour la
faire jaillir dans ses développements.

Reprenons le fil de notre analyse, un moment
détendu par ces digressions nécessaires. Voilà donc
M. Troplong en possession de deux grands principes : l'un général, absolu, dominant toutes les législations ; l'autre relatif et spécial au Code Napoléon. Par le premier, il reconnaît l'inspiration
bienfaisante et continue d'une loi suprême sur la
loi positive ; par le second, il constate le but vers
lequel incline notre loi positive sous la direction
de la loi éternelle. Ainsi, pour employer la langue
des navigateurs, il possède la boussole qui doit
guider ses pas, en même temps qu'il connaît le

port qui est le terme de sa route. C'est avec ces préparations qu'il aborde le commentaire du Code Napoléon.

En présence de nos lois telles qu'elles sont faites, formulées avec une précision aussi grande qu'il est possible, distribuées en une série d'articles qui séparent chaque sujet, localisent chaque idée et mettent en relief chaque principe, il semble que rien ne soit plus simple que de les bien expliquer. En tout cas, il serait naturel de penser qu'elles n'ont à redouter que l'erreur et les méprises de l'interprète ; mais l'expérience a prouvé qu'elles étaient menacées de plus sérieux dangers. Car, si le texte qui les formule a l'avantage d'être un guide, il a aussi le malheur d'être un joug. Il ne faut donc pas s'étonner qu'il suscite les impatiences de l'esprit. D'ailleurs la critique ouvre ordinairement la brèche avec les meilleures intentions du monde : elle n'a en vue que l'amélioration et le perfectionnement, l'application saine et intelligente. Mais on n'a pas plutôt mis le pied dans ce domaine immense et indéterminé dont les textes forment la barrière, que chacun en revient avec le secret désir de déplacer la borne au lieu de l'enfoncer. C'est que Montaigne avait raison de le dire : « notre esprit est un outil vagabond, dangereux et téméraire ; il est malaysé d'y joindre l'ordre et la mesure (1). »

Cette lutte, au surplus, n'est pas nouvelle. On sait qu'elle avait, à Rome, donné naissance à deux sectes célèbres, qui se distinguaient, l'une par un respect absolu des textes qui allait jusqu'à l'idolâtrie, l'autre par une liberté d'interprétation qui allait jusqu'à la licence (2). C'est encore à Rome, cette terre classique de la jurisprudence, que l'on voit le préteur, juge du droit, s'élevant au-dessus de la loi écrite, l'immolant avec toutes les protestations d'un profond respect et, suivant la tradition antique, la couronnant de fleurs pour la conduire au sacrifice. Le même spectacle, à quelques nuances de détail près, s'est reproduit dans notre ancienne jurisprudence française. La faveur des textes, on peut le dire, y a toujours été prépondérante ; mais la méthode opposée a aussi compté ses partisans. Je n'en veux d'autre preuve que les attaques, parfois fort vives, qu'ils se sont attirées. Tout le monde se rappelle, par exemple, ces apostrophes

(1) *Essais*, liv. 2, chap. xii.
(2) Voyez sur les Proculéiens et les Sabiniens, Terrasson, *Histoire de la jurisprudence romaine*, p. 232 et suiv.

d'une âpreté toute bretonne, par lesquelles d'Argentré, traitant de folie cette prétendue sagesse, sommait les magistrats de son temps de descendre de leur siége s'ils prétendaient juger, non selon les lois, mais les lois elles-mêmes (1). Enfin, nous avons vu, même sous l'empire de nos Codes modernes, cet esprit de lutte contre les textes continuer ses efforts et motiver la salutaire censure de la Cour de cassation (2).

(1) « Cui respondeo primum, stultam videri sapientiam quæ lege vult sapientior videri... Cur, quod lex non exigit, tu judex exigis?... Cur, de lege judicas, qui sedes ut secundum legem judices ? (Art. 323, Anc. cout., gl. 1, n° 5.)

« Cum plus sibi sapere visi, insultant legibus et sibi conscientias architectantur contra publicas leges. Aut igitur sedere desinant, aut secundum leges judicent. » (Art. 627, Noûv. cout.)

(2) Arrêt du 15 juillet 1806 : « Considérant qu'il est du devoir des tribunaux d'appliquer les lois telles qu'elles sont, sans se permettre de raisonner sur les inconvénients qu'ils croient apercevoir dans leur exécution littérale, ou le perfectionnement dont elles peuvent être susceptibles ; et qu'anticiper sur ce perfectionnement, qui est dans les attributions du seul pouvoir législatif, c'est commettre un excès de pouvoir dont l'ordre public commande la répression, — Casse. »

Autre arrêt de cassation du 7 juillet 1828 : « Considérant... que lorsque la loi contient une disposition expresse, lorsque cette disposition n'est ni obscure ni insuffisante, lorsqu'elle peut être exécutée dans les termes où elle est conçue, sans qu'il soit besoin de la modifier ou d'y ajouter, les tribunaux sont tenus de s'y conformer et ne peuvent pas s'écarter de ce qu'elle prescrit littéralement, sous le prétexte d'en rechercher le sens

Il y a donc, à ce sujet, deux systèmes entre lesquels il faut opter. C'est ce que fit tout d'abord M. Troplong. Tout en maintenant l'indépendance de la science, il se prononce énergiquement pour le respect scrupuleux et sincère des textes de la loi. Il les regarde avec raison comme le point fixe auquel il faut se rattacher fortement, sous peine d'exposer l'édifice tout entier à une rapide et inévitable destruction. Il ne se sent pas la force de blâmer le préteur romain, parce qu'il fut l'instrument du progrès et de l'équité; mais, ajoute-t-il, « ce qu'il fit pour le bien, d'autres pourraient le faire pour pervertir le droit (1) ». C'est pourquoi le plus sûr, à ses yeux, est de s'en tenir aux textes tels qu'ils sont sortis de la main du législateur. « L'interprète, dit-il, doit prendre les choses telles qu'elles sont, la société telle qu'elle existe, les lois telles qu'elles sont faites : c'est là le seul point de départ que lui donne le bon sens (2). » Ainsi, lorsque les textes sont clairs, il faut les suivre. Là où la loi parle, c'est elle qu'il faut écouter. Par là, M. Troplong se range, comme on le voit, sous le drapeau de l'école exé-

ou l'esprit ou de la rendre plus parfaite,—Casse. » — Dalloz, *Rec. per.* 1828.1.218.

(1) *Vente*, préface, p. 29.
(2) *Prescription*, t. I, n° 32.

gétique. Nous allons voir la part qu'il fait aux autres.

Il arrive toujours un moment, en effet, où les textes abandonnent le commentateur. Soit parce qu'ils sont muets, soit parce qu'ils sont obscurs, il faut qu'il se résigne à marcher sans eux. Le législateur lui-même est obligé de confesser ses inévitables défaillances. Réduit à se servir, pour exprimer sa pensée, d'un instrument humain, c'est-à-dire imparfait, il est bien forcé de convenir que les textes sont parfois une manifestation incomplète de sa véritable intention. De là la nécessité, selon le mot de Portalis, « d'étudier l'esprit de la loi quand la lettre tue, et de ne pas s'exposer au risque d'être tour à tour esclave et rebelle et de désobéir par esprit de servitude (1) ».

Alors se présentent au jurisconsulte dans l'embarras divers auxiliaires qui se disputent sa direction. C'est d'abord l'école philosophique qui lui offre pour guide le droit naturel. Ce droit, en effet, n'est-il pas la source primitive de la loi écrite ? C'est donc à cette source qu'il faut aller puiser les doctrines complémentaires que les lacunes de la formule légale peuvent nécessiter.

(1) *Discours préliminaire*, Locré, t. I, p. 264.

Puis vient une autre école, dont les enseignements sont moins purs, moins éthérés, mais qui a aussi des moyens de persuasion bien séduisants : c'est celle que l'on désigne sous le nom d'école utilitaire, école économique, école pratique, etc.., et dont la mission particulière est de faire prévaloir l'influence des intérêts matériels dans l'interprétation des lois. Pourquoi, en effet, ces lois? N'est-ce pas pour l'utilité des hommes?

Utilitas, justi prope mater et æqui (1).

Si elles sont incomplètes ou obscures, on ne saurait donc mieux faire que d'interroger les intérêts dont elles ont voulu assurer la satisfaction.

Enfin paraît à son tour l'école historique, qui n'accorde sa confiance qu'aux précédents et à la coutume : car, dans les idées de cette école, « le droit naît et se développe toujours *de façon coutumière;* il existe à l'état latent dans les mœurs et dans l'opinion publique avant de se réaliser dans la législation (2) ». La loi qu'il s'agit d'interpréter

(1) Horace, *Satires*, I, 3, 98.
(2) Analyse des idées de Savigny, le chef de l'école histotorique, par M. Laboulaye, dans son écrit : *Histoire des idées et des écrits de Savigny*, p. 44.

n'est donc elle-même qu'une coutume, saisie par le législateur au moment de son plein développement, et fixée dans un texte dont les imperfections ne peuvent être corrigées qu'en le retrempant, en quelque sorte, dans la fournaise dont il est sorti. C'est-à-dire que l'école philosophique, l'école utilitaire et l'école historique préconisent en définitive le même procédé pour en tirer des résultats très-différents. Toutes les trois sont d'accord sur la nécessité de recourir aux sources premières de la loi positive ; tour à tour elles répètent à l'interprète embarrassé le mot du vieil Anchise aux Troyens égarés : *Antiquam exquirite matrem* (1)! Seulement (et c'est par là qu'elles se distinguent) chacune d'elles assigne au principe générateur de la loi un siége différent.

De ces trois guides, lequel a suivi M. Troplong ? A vrai dire, tous les trois, car il les considère comme inséparables. En cela il faisait œuvre d'éclectisme. Mais il les a suivis avec des réserves qui sont à lui ; il leur a mesuré sa confiance avec des précautions qui viennent de lui ; il a fait la part de chacun, et, si l'on peut ainsi parler, il a opéré leur mélange dans des proportions qui sont le côté tout à fait

(1) *Énéide*, liv. 3, v. 96.

personnel et original de sa méthode. C'est là ce que je voudrais faire bien sentir comme je le vois et le comprends.

Quelle est, en effet, pour M. Troplong, la véritable et sérieuse question en cette matière?

Ce n'est certainement pas de savoir si l'on admettra, oui ou non, l'élément philosophique dans l'interprétation des lois. A cet égard, je le répète, sa conviction était profonde et arrêtée. « J'aime à trouver dans les livres de jurisprudence, disait-il, cette union de la philosophie et du droit; j'aime à signaler cette bonne tendance des auteurs qui savent apercevoir dans les rapports juridiques d'homme à homme quelque chose de plus que l'artifice du législateur et la formule matérielle d'un précepte arbitraire. Le droit n'est une grande et belle science que parce qu'il est le reflet de l'éternelle morale et la sanction de ces devoirs, de ces notions du juste qui ne sont pas de l'homme, mais de Dieu. C'est ainsi que les jurisconsultes de Rome avaient conçu la jurisprudence; c'est avec cette méthode philosophique qu'ils en ont fait un code que le temps et les révolutions ont à peine ébranlé (1). » Il n'y a rien à

(1) *Revue de législation*, t. XVI, p. 179.

ajouter à une telle profession de foi, sinon qu'on en retrouve l'expression dans tous ses livres. A ses yeux, en un mot, « la jurisprudence n'est autre chose que l'application de la philosophie et de l'éternelle morale aux relations civiles (1). »

La question n'est pas davantage, pour M. Troplong, de savoir si l'on doit plus ou moins tenir compte des conditions économiques au milieu desquelles la loi est appelée à exercer son action. Je n'ignore pas qu'on lui a quelquefois reproché de sacrifier trop aisément l'élément économique à l'élément philosophique. Je n'hésite même pas à reconnaître qu'il y a quelque chose de vrai dans cette critique ; mais j'ose la dire mal fondée dans ce qu'elle a de tranchant et d'absolu. Voici, pour mon compte, ce que je crois être la vérité tout entière.

A l'époque des grandes publications de M. Troplong, et surtout des études qui les ont préparées, l'économie politique entrait à peine dans le giron des sciences reconnues et classées. Elle avait été compromise par plus d'un excès ; beaucoup de sottises se couvraient encore de son pavillon ; en un mot, le

(1) *Commentaire du prêt*, n° 2.

Voyez aussi *Commentaire du mandat*, n° 182 : « Le droit est d'autant plus parfait qu'il se rapproche davantage de la morale et de la philosophie, etc., etc. »

lien qui existe entre la science de la formation et
de la distribution des richesses et la législation positive n'était pas complétement établi. Il n'a guère
été mis en pleine lumière, chez nous du moins, que
par l'enseignement de l'éminent et courageux Rossi.
C'est lui qui, dans un mémoire plein de solidité et
de mesure, comme son talent, avait montré jusqu'à
l'évidence, devant l'Académie des sciences morales
et politiques, qu'il y avait une lacune à remplir,
une harmonie à rétablir entre notre droit privé et
notre état économique (1). Je ne suis donc pas
surpris le moins du monde que M. Troplong ne se
soit pas empressé de donner la prépondérance à
un élément dont l'influence récente était encore
contestée. J'ajoute même que dans cette réserve il
entrait quelque chose de plus qu'une prédilection
personnelle : c'était un sentiment de fidélité à ce
qu'il regardait comme les tendances naturelles de

(1) *Revue de législation*, t. XXIX, p. 23.

Je me hâte de reconnaître que, plusieurs années déjà avant
l'enseignement de Rossi, l'économie politique avait fait une
large apparition dans le droit civil privé, sous la plume du savant M. Duvergier, dans sa continuation de Toullier. A lui l'honneur d'avoir frayé la voie! M. Troplong n'y est entré que plus
tard, et jamais même aussi complétement ; mais enfin on va voir
qu'il y est entré.

notre génie national. Témoin cette page qui date de 1847 et qu'on dirait écrite d'hier :

« Le génie français peut tout ce qu'il veut, disait M. Troplong, et aujourd'hui il veut être calculateur et économiste, pour ne pas rester inférieur dans la balance européenne à des nations que le commerce a admirablement dotées. Mais au sein de cette ardeur qui multiplie, comme dans une ruche laborieuse, les travaux mercantiles, nous ne laisserons pas périr un autre trésor, non moins précieux que les autres : la noble activité des travaux de l'intelligence et l'énergie de nos sentiments moraux. Une prédilection naturelle nous a toujours entraînés vers les sciences morales et philosophiques ; notre éducation, dirigée d'une manière spéciale vers les lettres et les humanités, nous y porte invinciblement ; or, les peuples aussi bien que les individus se souviennent sans cesse, à travers leurs plus grandes vicissitudes, du principe fondamental de leur éducation ; pareils à ces âmes des héros qui, dans les joies de l'Élysée (1), ne pouvaient oublier les occupations favorites de leur passage sur la terre (2). »

(1) Virgile, *Énéide*, VI, v. 653.
(2) *Revue de législation*, 1847, t. XXIX, p. 230.

Sous l'influence de cette conviction, je comprends donc que M. Troplong, en choisissant les auxiliaires dont il voulait s'aider, ait continué de réserver la place d'honneur à l'élément philosophique. Je concéderai même que, s'il lui avait paru impossible de concilier les intérêts moraux et les intérêts positifs, sa préférence fût restée aux premiers. Mais l'erreur, à mon sens, a été de penser que dans son opinion un tel antagonisme existât réellement entre les deux éléments, tandis que c'est au contraire dans leur union intime qu'il plaçait la solution du problème social. « Le but de la société, disait-il, est dans le mouvement parallèle et simultané des intérêts moraux et des intérêts positifs, travaillant d'un mutuel accord à donner à l'homme la plus grande somme de bien-être physique et la divine opulence de toutes les vertus morales (1). »

Pour lui donc, encore un coup, le problème n'était pas de savoir si chacun de ces intérêts doit avoir son rôle dans l'interprétation des lois. Constater leur existence, n'est-ce pas reconnaître la légitimité de leur influence? Mais ce qui reste une tâche vraiment ardue, c'est d'assigner équita-

(1) *Revue de législation*, t. XXIX, p. 227.

blement à chacun d'eux la part à laquelle il a droit. Le jurisconsulte, après tout, n'est qu'un homme, subissant comme tout le monde le joug de ses opinions, de ses tendances, de ses préjugés personnels ; sollicité tour à tour par les inspirations du droit naturel ou par les exigences de l'utilité sociale, et courant à chaque pas le risque de quitter les voies de la vérité pour tomber dans l'esprit de système. Combien n'en a-t-on pas vu, et de très-grands, qui n'ont pas su se garantir de ce péril ! C'est que la jurisprudence est une science morale et que toutes les sciences morales, comme l'a très-finement remarqué M. Troplong, suivent leur route entre deux dangers : « par la philosophie, elles tiennent aux régions les plus sublimes du monde moral ; par l'économie politique, elles s'occupent de ce que les intérêts sociaux ont de plus terrestre. Or, en cherchant la lumière dans les cieux, il est à craindre qu'on ne se perde dans les nuages ; en étudiant le développement du bien-être matériel, on peut oublier, dans la préoccupation des biens corporels, le principe moral qui procure le bien de l'âme. Je ne veux, ajoutait-il, faire la guerre ni à l'esprit, comme les empiriques, ni au corps, comme les stoïciens ; je crois cependant que l'excès de spi-

ritualité égare et que le matérialisme abaisse (1). »
C'est-à-dire, en définitive, que cette union si dési-
rable de deux principes nécessaires est un des plus
rudes problèmes que puisse se proposer l'esprit.
Elle exige ce qu'il y a peut-être de plus difficile au
monde, « la juste mesure, cette rare vertu vantée
par les anciens sous le nom de modération, poursuivie de tout temps par le sage et écueil de la faiblesse humaine (2). »

Ces préoccupations pèsent sur tous les jurisconsultes vraiment dignes de ce nom ; que ce soit
plus ou moins, elles sont le tourment de leur
pensée. Quant à M. Troplong, il en a trop bien
décrit les causes pour ne les avoir point éprouvées
à son tour. Mais c'est ici que nous allons voir réap-
paraître le disciple de Vico. Rappelons-nous, en
effet, que Vico, effrayé des erreurs et des entraîne-
ments du sens individuel, avait trouvé le remède à
ces défaillances dans ce qu'il appelait le sens
commun de l'humanité. Or, où peut-on espérer
découvrir le sens commun de l'humanité ? Dans
quels arcanes a-t-il caché ses oracles ? Vico l'a dit :
c'est dans l'histoire, « ce témoin qui dépose des

(1) *Revue de législation*, 1847, t. XXIX, p. 226.
(2) *Ibid.*

actes de la volonté humaine (1). » Eh bien ! c'est aussi ce témoignage universel que M. Troplong a voulu invoquer, en introduisant dans sa méthode d'interprétation le développement historique de la législation et de la jurisprudence ; c'est cette autorité qu'il a entendu faire prévaloir de préférence au témoignage et à l'autorité du jugement individuel. Application heureuse, qui avait le double et avantageux résultat, non-seulement de donner à ses doctrines la sanction d'un suffrage considérable, mais encore de poser dans le champ si mobile de l'interprétation un élément de fixité et de certitude qui offre au commentateur de merveilleuses ressources. Lui-même n'hésitait pas à l'affirmer pour ceux qui, moins clairvoyants, n'en apercevaient pas la portée. « D'autres pourront penser peut-être, leur disait-il, que c'est là un hors-d'œuvre peu nécessaire pour comprendre tels ou tels textes du Code civil. Je suis bien éloigné de ce sentiment. S'il m'est arrivé parfois de parvenir à la saine intelligence de certaines parties de notre droit, c'est toujours l'histoire qui a été ma principale lumière et mon plus utile secours (2). »

(1) *Opuscules*, t. I, p. 173.
(2) *Contrainte par corps*, préface, p. 5.

Voilà dans quels termes et dans quelles conditions M. Troplong a compris l'application de l'éclectisme à la jurisprudence. Admettant l'influence simultanée de l'école philosophique et de l'école utilitaire dans ce que leurs doctrines ont de sage et de pratique, le difficile était de placer entre elles un trait d'union qui les fît vivre en bon ménage. C'est ce moyen de conciliation qu'il a cherché et trouvé dans l'histoire, et, par cet emprunt, l'école historique a aussi obtenu voix au chapitre.

Ici, toutefois, une explication est encore nécessaire pour rectifier une erreur quelquefois commise et prévenir ce qui me paraît être un malentendu. Il n'est pas rare, en effet, d'entendre de bons juges des choses de l'esprit présenter M. Troplong comme le restaurateur de l'école historique au XIXe siècle. Si par là on veut dire qu'il admettait l'histoire dans l'étude de la jurisprudence, je viens de montrer moi-même que l'on est dans le vrai; mais alors l'expression dépasse la pensée au point de l'altérer. Car l'école historique proprement dite, telle qu'elle s'est constituée à l'état de secte scientifique, ne se borne pas seulement à faire une part d'autorité à l'histoire; exclusive

comme tout ce qui est école, elle veut que cette autorité soit absolue. Elle tombe par là dans les inconvénients que signalait et condamnait Voltaire
quand il écrivait : « On fait quelquefois aujour-
d'hui un usage un peu bizarre de l'histoire. On
déterre des chartes du temps de Dagobert, la plupart suspectes et mal entendues, et on en infère
que des coutumes, des droits, des prérogatives qui
subsistaient alors, doivent subsister aujourd'hui.
Je conseille à ceux qui étudient et qui raisonnent
ainsi de dire à la mer : « Tu as été autrefois à
Aigues-Mortes, à Fréjus, à Ravenne, à Ferrare ;
retourne-s-y tout à l'heure (1). »

Cette fausse méthode était celle des disciples
d'Accurse, que l'on a accusés avec raison d'appliquer le droit romain sans discernement et de vio-
lenter les mœurs de leur temps pour les courber
indistinctement sous le joug des règles anciennes.
M. Troplong, au contraire, repoussait bien haut ce
système rétrograde ; il le repoussait non-seulement
pour lui-même, mais encore chez les autres, toutes
les fois qu'il l'a vu s'introduire dans les doctrines.
« Il faudrait une fois pour toutes, disait-il, renoncer à nous faire Romains malgré nous. S'il y a dans

(1) *Dict. phil.*, v° *Histoire*, sect. 2.

les livres du droit romain d'excellentes règles dont
nous devons profiter, il en est aussi d'inappli-
cables dont il faut se défier : sachons choisir avec
discernement et n'acceptons que sous bénéfice d'in-
ventaire (1). »

Et ailleurs : « Aujourd'hui, le droit romain
n'est plus pour nous un guide infaillible, et nous
sommes libres d'user d'un éclectisme réfléchi pour
y chercher ce qui est juste et rejeter ce qui con-
trarie l'équité (2). »

Ce n'est pas là certainement le langage d'un
adepte ordinaire de l'école historique. Son adhésion, dans tous les cas, est mélangée de trop de
dogmatisme pour qu'on puisse la considérer comme
absolue. Ce qui est vrai, c'est que M. Troplong se
borne à admettre le témoignage et non le despotisme de l'histoire. Pour lui, la formule exacte est
celle-ci : « L'histoire a toujours des leçons utiles,
et ce n'est pas pour satisfaire une vaine curiosité
que les esprits sérieux en font leur aliment. Cependant, si elle est bonne à donner des enseignements
et des conseils, elle ne saurait imposer des lois in-
flexibles, et la société n'est pas astreinte à empri-

____

(1) *Comm. de la prescription*, t. I, n° 148.
(2) *Comm. du mandat*, n° 79.

sonner son mouvement dans le cercle de ses exemples. Étudions l'histoire; recherchons, avec son secours, les liens secrets par lesquels le passé s'étend encore sur nous, et fait survivre aux révolutions, à travers tant de ruines oubliées, certaines idées, certains principes, certaines formes de gouvernement, destinés à une longue vie sociale et à de nouveaux développements; mais réservons au présent toute son indépendance pour s'arranger comme il l'entendra avec les intérêts contemporains (1). »

Ces quelques lignes résument fidèlement la théorie de notre auteur. Un système scientifique se particularise aussi bien par ce qu'il repousse que par ce qu'il admet. Par là, nous voyons toute la distance qui sépare M. Troplong de l'école philosophique et de l'école utilitaire; car, s'il admet leurs conclusions, ce n'est que sous le contrôle et avec l'assentiment de l'histoire. D'autre part, s'il paraît ainsi faire cause commune avec l'école historique, il s'en distingue d'une manière sensible en ce qu'il reconnaît dans l'histoire, non une loi inflexible, mais seulement un secours nécessaire, non un but, mais un moyen, un moyen sûr de

(1) *Du Pouvoir de l'État sur l'enseignement*, ch. 1er.

trouver le juste équilibre entre le droit naturel, qui est la source des lois, et l'économie politique, qui préside à leurs transformations, entre l'élément primordial, absolu, immuable, et l'élément humain, contingent et variable. Ce qu'il faut chercher dans l'histoire, c'est la pondération de ces divers éléments telle qu'elle s'est produite à travers les siècles et harmonisée avec les évolutions successives des sociétés. Car enfin, l'humanité est vieille ; il y a longtemps qu'elle agit, qu'elle souffre, qu'elle se débat dans les rouages de sa destinée terrestre, aspirant toujours à s'élever vers le droit éternel, comme un exilé dont les regards sont tournés sans cesse vers la patrie perdue. Écoutez ses plaintes et ses vœux ; contemplez les persévérants efforts de l'homme pour alléger son fardeau, diminuer ses misères et satisfaire ses besoins ; étudiez les combinaisons que l'esprit humain, rendu fécond sous l'aiguillon de la douleur, a tour à tour imaginées, essayées, délaissées, reprises, repoussées encore ; voyez enfin la série de ses tâtonnements, de ses luttes tantôt stériles, tantôt heureuses, et vous aurez ainsi le tableau fidèle de ce que Vico appelle : « le sens commun appliqué par les hommes aux nécessités ou utilités humaines, double source du droit naturel des gens (1). »

Voilà pourquoi l'étude de l'histoire est indispensable à qui veut savoir comment s'est opérée, sous la main du temps, la fusion du droit naturel et des intérêts qu'il avait à régir. Que le résultat de ces recherches ne soit point une règle absolue, cela est évident : car les proportions de ce mélange ne sont pas elles-mêmes invariables ; elles sont appelées à subir les changements corrélatifs à la marche ascendante des sociétés. Mais il n'en est pas moins vrai que ce suffrage universel des siècles, montrant, par des traces visibles déposées dans les lois, dans les livres des savants, dans la jurisprudence, quelles ont été les voies de l'humanité, ses étapes, ses affinités, ses répugnances, devient, dans les mains du jurisconsulte, un instrument dont la précision et la puissance dépassent de bien loin tous les efforts de l'esprit solitaire.

C'est dans cette pensée de libre et large examen que M. Troplong a conçu l'intervention de l'histoire à côté du droit naturel et de l'économie politique. On en trouve partout l'application dans ses ouvrages, mais surtout dans ces belles préfaces par lesquelles il a coutume de préluder au commen-

(1) T. Ier, p. 342.

taire des différents titres du Code. J'ai de la peine à m'expliquer, je l'avoue, comment ces savantes et utiles introductions ont été quelquefois regardées comme des ornements de luxe dont il fallait passer la fantaisie à un auteur jaloux de décorer son œuvre d'un brillant frontispice. On n'a peut-être pas assez généralement compris que ces vastes et profondes études étaient la base même, et non seulement la parure, du commentaire qui les suit. En parcourant ainsi, avant d'entrer en matière, toutes les variations que le temps et les mœurs avaient successivement imprimées au sujet qu'il allait traiter, M. Troplong me fait l'effet d'un ingénieur habile et prévoyant qui, avant d'asseoir des travaux définitifs, étudie la nature primitive, les couches géologiques, les formations successives, la direction des pentes et, en un mot, les entrailles mêmes du sol sur lequel il va opérer. C'est ainsi, par exemple, que, avant d'aborder le commentaire du contrat de mariage, il passe en revue tous les systèmes qui ont présidé à la constitution du régime conjugal, et qu'il nous montre les combinaisons artificielles de la législation, tour à tour employées et usées, venant toutes converger, par une sorte de gravitation continue, vers ce régime de la communauté sorti, comme un fruit naturel, « des usages latents et des coutumes intimes qui, dans le silence de l'histoire et à travers les transformations des races et des mœurs, se sont emparées de la société (1). »

De l'association conjugale passerons-nous aux associations ordinaires? C'est le contrat de société qui est chargé de les organiser, et l'on sait combien cette union de l'intérêt collectif et de l'intérêt individuel a été féconde en systèmes et en utopies. Cependant, laissez-vous conduire un instant par M. Troplong à travers tous les antécédents et toutes les métamorphoses de ce contrat; voyez les sociétés à Rome, depuis les plus petites jusqu'aux plus grandes, depuis l'association de ces deux professeurs qui unissent leur savoir pour l'enseignement de la grammaire jusqu'aux puissantes sociétés des publicains qui alimentent les besoins de l'État; de Rome, passez au moyen âge : étudiez les sociétés universelles des gens de main-morte, les sociétés particulières pour le commerce et la commande, ce sauvageon sur lequel s'est plus tard greffée la commandite; considérez ensuite, en avançant vers nos temps modernes, les grandes compagnies royales,

(1) *Contrat de mariage*, préf., p. cxvi.

la banque de Law, et toutes les combinaisons que l'esprit d'industrie a enfantées. Puis, quand vous aurez contemplé, dans cet immense parcours, les prospérités et les misères du contrat d'association, tous les succès et tous les désastres dont il a été l'occasion ou la cause, voulez-vous aller au delà de ces résultats extérieurs et connaître la raison secrète de tant de fortunes diverses? L'histoire vous montrera la prospérité attachée partout au travail, à la prudence, à la probité, à la sagesse des calculs et à la persévérance des efforts, quelles que soient les formes consacrées par la légalité, pourvu qu'elles assurent à ces grands leviers toute la puissance de leurs ressorts. Au contraire, vous verrez l'insuccès s'attacher fatalement à toutes les entreprises où l'on a cherché à se passer de leur concours, quelle que soit la perfection ingénieuse des combinaisons factices destinées à en tenir lieu. Enfin, si vous voulez suivre le mouvement du principe d'association en France, le jurisconsulte, s'aidant des lumières du moraliste, vous fera voir que ce ne sont pas toujours les bonnes lois qui nous ont manqué, mais plutôt cette vertu particulière qui en est la meilleure partie, et que Bossuet appelle *l'esprit de les observer.* « Pour tout dire d'un mot, notre nation n'est pas passionnée pour la règle. Beaucoup de liberté, un peu de caprice même, lui sont nécessaires pour tempérer à ses yeux l'empire de ses lois (1). »

Voici maintenant le droit de disposer par donation ou par testament, l'un des attributs les plus doux du droit de propriété. Que d'alternatives n'a-t-il pas subies! Mais, en même temps, sous quels traits éclatants son histoire nous fait apparaître cette vérité, que les lois de la nature sont plus puissantes que tous les artifices de la politique! Parcourez, en effet, les législations primitives de l'Orient, de la Judée, de la Grèce, vous les trouverez toutes hostiles au droit de tester. La succession y est organisée en vue de la conservation des biens dans les familles ; la liberté du propriétaire est partout immolée à cette règle inflexible. Cependant, peu à peu, soit directement, soit par d'ingénieuses fictions, cette inflexibilité se tempère et le droit du propriétaire se fait une place à côté de la tyrannie du droit social. A Rome, c'est une marche inverse qui conduit au même but. Le citoyen romain est tout d'abord investi d'un pouvoir domestique sans bornes. Il est propriétaire, non-

(1) *Contrat de société*, préface, p. VIII.

seulement de ses biens, mais même de sa femme et de ses enfants. Il peut donc disposer sans scrupule pour des intérêts dont il est le maître absolu. Ici, c'est le droit de la famille qui est sacrifié à la libre volonté de son chef. Mais, avec le temps, cette dictature souffre des adoucissements et consent à reconnaître le droit des enfants : le cœur du père fait fléchir l'orgueil du citoyen. Chez nous enfin le spectacle est double, car le droit de disposer s'organise sous l'influence des deux principes. Dans le midi de la France, c'est la volonté du propriétaire qui tient le premier rang, avec les tempéraments importés par le droit romain; dans le nord, au contraire, les traditions germaniques et l'esprit plus puissant de la féodalité font d'abord prévaloir le droit de la famille, mais sans pouvoir le défendre contre les atténuations graduelles qui tendent à l'affaiblir. En telle sorte que, partout, toujours, l'histoire de la faculté de disposer, qui met aux prises le droit de l'individu et le droit de l'association, nous montre ces deux puissances rivales se combattant, se limitant, et parcourant, avant de s'harmoniser, toute l'échelle des concessions réciproques.

Enfin, il n'est pas jusqu'aux contrats les plus

usuels et les plus vulgaires dont l'histoire n'offre des enseignements précieux. Par exemple, le contrat de prêt. Rien de plus simple, assurément, si l'on se borne à l'étudier dans ses éléments juridiques. Mais élevez un peu votre pensée, et, sous les quelques articles que le Code consacre à ce contrat, vous verrez apparaître, à travers les siècles, ce long conflit qui a si douloureusement altéré les rapports du capital et du travail. C'est que « le prêt touche à tout ce qu'il y a de plus vif dans les intérêts matériels de la société ; il peut tour à tour asservir le débiteur sous une exploitation aussi inexorable que l'esclavage, dont il a été souvent le complice, ou le racheter, par un secours opportun, de la ruine et de l'infamie. Il peut appesantir sur la propriété sa main écrasante et rapace, ou la dégager des charges qui la font languir. Veut-on voir ensuite le côté moral de ce contrat? Tantôt la bienfaisance en fait une vertu ; tantôt l'amour du gain en fait un vice ; il fait éclater l'équité du prêteur ou son avarice. Si l'utile a tout pouvoir pour s'en servir à sa guise, ce peut être la guerre sans pitié de celui qui possède contre celui qui a besoin. Si, au contraire, l'honnête défend à l'utile d'en tirer profit, c'est l'antagonisme de la spiritualité pure et des intérêts matériels (1). » Or, l'histoire nous montrera que, pour résoudre ces difficiles problèmes, toutes les puissances humaines se sont tour à tour ou simultanément mises à l'œuvre. La religion a voulu faire entendre la voix de la morale évangélique; la philosophie a parlé au nom de la dignité humaine; l'économie sociale, au nom de l'utilité du commerce; la politique, au nom des nécessités impérieuses de la tranquillité publique. Quant aux législateurs, subissant à leur tour ces influences diverses, ils ont essayé successivement ou de combattre les unes, ou de faire triompher les autres, ou de les concilier toutes; et l'histoire du contrat de prêt n'est, à vrai dire, que le long tableau de leurs tâtonnements.

M. Troplong ne pouvait donc pas penser, avec quelques critiques superficiels, que ces profondes investigations dans le passé ne fussent pour le jurisconsulte qu'un hors-d'œuvre superflu. Loin de là : il y attachait avec raison une importance capitale. En étudiant « ces métamorphoses auxquelles la civilisation travaille en secret dans le sein des peuples (2); » en scrutant les ressorts intérieurs de

(1) M. Troplong, *Du Prêt*, préface, p. II.
(2) *Comm. du louage*, préface, p. LVII.

ces créations spontanées ou réfléchies, et en les suivant dans les libres et féconds élans de leur développement social, il cherchait ces « rapports nécessaires des choses » dont parle Montesquieu. Il saisissait ainsi le droit dans ses éléments simples, essentiels et permanents; car si le théâtre a changé, l'acteur est resté le même : c'est toujours l'homme avec ses nobles ardeurs qu'il convient d'utiliser, avec ses sentiments naturels qui exigent le respect, mais aussi avec ses convoitises qui demandent des barrières et ses passions qu'il faut dompter. Et, en même temps, le jurisconsulte constatait ces éléments et ces rapports, non dans les formules abstraites du dogmatisme philosophique, mais au milieu de toutes les forces vivantes dont ils avaient réglé l'action, avec le cortége de tous les procédés et de toutes les combinaisons par lesquelles l'humanité, dans ses différents âges, avait jugé possible et salutaire, selon les temps et les circonstances, de ralentir ou de précipiter, de limiter ou d'étendre le jeu de leur fonctionnement.

Voilà comment m'apparaît la méthode d'interprétation que M. Troplong avait conçue pour le Code Napoléon. Comme toutes les méthodes, elle renferme deux choses : le but et les moyens. Son but est l'union aussi intime qu'elle peut l'être de la loi positive avec la loi éternelle. Ses moyens consistent à projeter sur les textes à interpréter les lumières de la philosophie, de l'économie politique et de l'histoire : la philosophie, qui assure la prépondérance à la partie morale sur la partie matérielle de notre nature; l'économie politique, qui se rappelle que si l'homme ne vit pas seulement de pain, il lui faut cependant du pain pour vivre, et qui se préoccupe des intérêts positifs dignes d'être ménagés; l'histoire, enfin, qui intervient, en quelque sorte, comme un frein modérateur pour contenir l'essor philosophique là où il se laisserait entraîner trop haut, et relever les préoccupations économiques là où elles tendraient à descendre trop bas. En un mot, s'il m'est permis d'employer cette image, cette méthode n'est autre chose que l'alliance du droit positif et du droit naturel, contractée sous l'œil et avec l'auxiliaire de trois témoins stipulant pour les grands intérêts dont ils ont la garde : la philosophie, stipulant au nom des intérêts moraux de l'homme; l'économie politique, au nom des intérêts positifs de la société; l'histoire, au nom des intérêts permanents, à la fois moraux et matériels, de l'humanité tout entière.

Méthode savante, trop savante peut-être, parce qu'elle exige des connaissances dont la réunion est rare ; mais méthode admirable, dont les diverses parties étaient connues, et que M. Troplong a eu parmi nous l'honneur d'appliquer dans son ensemble avant personne et mieux que personne.

CHAPITRE VI

M. Troplong publiciste. — Union du droit public et du droit
civil au XVIᵉ siècle. — Séparation complète de ces deux études
au XVIIIᵉ siècle. — M. Troplong cherche à renouer la tradition. — *Du Pouvoir de l'État sur l'enseignement.* — Vues
principales de cet écrit. — Droit international : *l'École de
Machiavel et l'école de Grotius.* — Coup d'œil sur le développement du droit des gens. — Intervention de M. Troplong
dans plusieurs discussions contemporaines : 1º *De la Propriété d'après le Code civil;* — 2º *De l'Esprit démocratique du
Code civil;* — 3º *Des Républiques d'Athènes et de Sparte.* —
Appréciation de ces écrits. — M. Troplong partisan ancien
du principe monarchique.

Nous avons suivi M. Troplong dans ses études
sur l'histoire du droit et dans ses commentaires sur
le Code Napoléon, c'est-à-dire dans ses publications
consacrées au droit privé. Ce sont là ses plus im-
portants travaux, ceux auxquels s'attachera particulièrement son nom et la gloire de son nom. Cependant, on ne connaîtrait qu'imparfaitement tous

les fruits de cette intelligence laborieuse et féconde si l'on ne pénétrait un instant avec elle sur
le terrain du droit public. Car si les travaux de
M. Troplong comme publiciste sont moins complets
que les précédents ; si, répandus dans des publications détachées, ils sont peut-être moins connus,
on peut dire cependant que, lors de leur apparition,
ils n'étaient pas moins remarqués ; et, comme tout
ce qui est sorti de sa plume, ils méritent la plus
sérieuse attention.

D'ailleurs, et indépendamment de leur valeur
propre, c'est déjà un symptôme intéressant chez
nous que ces tentatives d'un commentateur du
droit civil s'arrachant aux lisières du droit privé
pour aborder la carrière du publiciste. On ne l'eût
pas remarqué au XVI⁰ siècle, car tous les grands
jurisconsultes de cette mémorable époque se mêlaient activement à la vie nationale et faisaient entendre la voix du droit sur les nombreux problèmes
qui agitaient leurs contemporains. On a cru trouver une exception dans Cujas, à cause de sa réponse à ceux qui l'interrogeaient sur les misères
du temps : « *Nil ad edictum prætoris.* » Mais je ne
serais pas étonné, pour mon compte, que cette fin
de non-recevoir opposée à quelque questionneur

indiscret et dangereux ne traduisit point exactement la pensée de celui qui poussait, avec de si
bonnes raisons, à l'étude du droit public (1). En
tout cas, si c'est une exception, elle est presque
unique. Aucun autre ne s'enfermait dans cette in-
différence. Quand le chancelier de L'Hôpital avait
réussi, dans le Conseil, à repousser l'admission en
France du concile de Trente, c'est à Dumoulin qu'il
demandait d'assurer cette victoire en portant la
question devant le public (2). Lorsque la royauté,

(1) *Recitationes solemnes in Dig. De Just. et Jure*, l. I, § 2.
Neglectum est jus publicum, quod parum videretur ejus co-
gnitio singulis esse necessaria, quodque raro de jure publico
interrogarentur. Quo fit etiam hodie magno malo, ut quidam eam
tantum juris partem exerceant, quæ populo necessaria est. Id
incognitum est, quod minus in usu necessarium. Sed nunquam
bene percipiemus usu necessarium, nisi et quis noverit jus istud
usu non necessarium. Nexum est et colligatum alterum alteri.

(2) Consultation de février 1563, sous ce titre : *Super facto
concilii Tridentini consilium.*

Cette consultation est développée en cent articles, vu l'importance du sujet : Quoniam vero, in re tanti momenti, Rempublicam spectante, non simplici responso, sicut in privatis con-
sultationibus utendum est : rationes etiam expetitas addere con-
sulto visum est, quæ istius concilii Tridentini nullitates, abusus,
et rejectionem demonstrant.

Dumoulin, avant de la signer, y rappelle tous ses titres :
Consultum Parisiis circa februarii finem, anno Domini 1563,
juxta francicam computationem, per me Carolum Du Molin, sa-
crarum litterarum professorem, utriusque juris doctorem, reginæ
Navarræ consiliarium et à libellis supplicibus magistrum.

aux prises avec la cour pontificale, se voyait enlacée dans les filets de la chancellerie romaine, c'est encore à Dumoulin qu'elle demandait une de ces consultations qui, dans ces matières, valent mieux que les armées (1).

Peu de temps après, Pierre Pithou formulait et commentait le Code des libertés gallicanes, qui est devenu la base des rapports de l'Église et de l'État. Il achevait ainsi, par une utile association, la tâche commencée. Après Dumoulin, qui avait été le publiciste de combat, on voyait apparaître le publiciste constituant. Il ne faut pas s'étonner après cela si l'œuvre était forte et durable (2).

(1) *Commentarius analyticus in edictum Henrici II, Francorum regis christianissimi, contra parvas datas et abusus curiæ Romanæ, circa beneficia ecclesiastica.*

Ce commentaire, d'abord composé en latin (1551), fut ensuite, dix ans après, mis en français par Dumoulin lui-même, parce qu'il était dédié « au Roy et à tous les bons Français. »

On connaît, à ce sujet, le mot du connétable de Montmorency en présentant Dumoulin à Henri II : « Sire, ce que Votre Majesté n'a pu faire avec trente mille soldats (de forcer le pape Jules à lui demander la paix), ce petit homme l'a achevé avec son petit livret. »

(2) *Les Libertés de l'Église gallicane,* par Pierre Pithou, avec épître dédicatoire à Henri IV (1594), sont le résumé « de ces beaux droits et ce précieux *Palladium* que nos plus sages et plus dévotieux ancêtres nous ont, avec tant de soin et de vertu, religieusement conservé. »

On n'oublie pas que Pierre Pithou est l'auteur de l'admirable harangue de M. d'Aubray, dans la Ménippée.

Puis, ce n'était pas assez d'avoir vaillamment défendu la royauté nationale contre les envahissements exagérés du principe sacerdotal; le moment était venu de la prémunir elle-même contre ses propres excès. L'affaiblissement progressif de la féodalité lui donnait la puissance; les remparts élevés contre l'influence romaine lui donnaient la tranquillité; elle n'avait plus qu'une chose à craindre, c'était le vertige du pouvoir absolu. Alors on voyait le judicieux Guy-Coquille prendre pour sujet de ses travaux la royauté elle-même, et tracer d'une main loyale et dévouée les barrières qu'elle ne devait pas franchir (1), pendant que Loyseau s'occupait de la constitution des pouvoirs intermédiaires (2), qui sont, dit Montesquieu, « les canaux moyens par où coule la puissance. »

En un mot, dans les traditions de ce XVIe siècle, si troublé et si grand, la carrière du jurisconsulte avait pour dénoûment ordinaire l'étude des plus hautes questions du droit public. Quoi de plus naturel? Le droit est un et simple : c'est la science des rapports humains. Il a pour mission de les

(1) *Institution au droit français*, liv. I, chap. 1 : *Du Droit de royauté*.

(2) *Du Droit des offices;* — *Des Seigneuries*, etc. — T. I de ses Œuvres complètes.

maintenir en bon accord en renfermant leur mouvement et leurs prétentions dans la sphère qui leur appartient. C'est pour cela qu'il écrit sur sa bannière : *Suum cuique!* Il semble donc que le soin de s'occuper des rapports des gouvernants et des gouvernés, et de porter la lumière sur le mécanisme intérieur qui fait mouvoir les États, devrait convenir à ceux qui ont cherché toute leur vie à introduire la justice, l'équité et l'ordre dans les rapports privés des citoyens.

On le pensait du moins en ce temps-là, et on ne s'en est pas mal trouvé. Mais cette union du droit civil et du droit public n'a pas été de longue durée. Au XVIIᵉ siècle, Domat la représente encore (1); au XVIIIᵉ, elle n'est plus. Le jurisconsulte de l'époque, Pothier, ne semble pas même soupçonner qu'elle puisse exister. A ce moment où, suivant le mot de Voltaire, « *tant de politiques gouvernent l'État de leur grenier,* » les jurisconsultes se désintéressent chaque jour davantage du droit public et s'enferment exclusivement dans l'étude du droit privé. Abdication fâcheuse, qui a eu pour conséquence de rétrécir l'un et surtout de fausser l'autre

______

(1) *Le Droit public faisant suite aux lois civiles dans leur ordre naturel.* — C'est un traité complet de droit public.

en lui enlevant le frein de la science austère et vraie.

Cependant M. Troplong avait trop bien montré les liens intimes qui unissent les deux études pour prolonger cette rupture. En renouant la tradition du XVIe siècle, il la voulait tout entière. C'est à cette pensée que nous devons les diverses publications qui vont maintenant nous occuper, et parmi lesquelles je distinguerai d'abord les deux suivantes :

1° *Du Pouvoir de l'État sur l'enseignement, d'après l'ancien droit public français ;*

2° *L'École de Machiavel et l'école de Grotius.*

Le premier de ces travaux, publié au commencement de 1844 (1), rappelle par sa date une période très-agitée de nos débats contemporains. C'était le moment où se discutait devant les Chambres la brûlante question de la liberté d'enseignement. Notre jeunesse a été bercée au bruit de ces luttes ardentes, aujourd'hui terminées ou suspendues. Le but de M. Troplong n'était point d'y intervenir directement, mais seulement d'indiquer quel était *sur cette grande matière* (ainsi l'appelle d'Aguesseau)

____

(1) Il a été lu à l'Académie des sciences morales et politiques à la fin de 1843 et dans le mois de janvier 1844. — 1 vol. in-8°. Paris, 1844.

l'ancien droit public de la France. Son livre est donc particulièrement historique ; mais c'est un guide attachant et sûr au milieu de toutes les controverses auxquelles le droit d'enseigner a servi d'occasion ou de prétexte. On y voit comment, jusqu'à Charlemagne, le droit de l'État, fondé sur les anciennes constitutions des empereurs, n'avait soulevé aucune contradiction. Le clergé intervenait souvent dans son exercice, car il était alors presque seul en possession des lumières qu'exige l'enseignement ; mais il n'intervenait qu'à titre de dépositaire et de délégué de la puissance séculière. Puis l'avénement de la féodalité, en brisant l'image de la souveraineté pour en disperser les fragments de mille côtés, vint intervertir le titre de son concours primitif.

« Quand cette métamorphose s'opéra, elle trouva le clergé en possession de l'enseignement dont le dépôt lui avait été confié par Charlemagne. L'école palatine avait péri avec le pouvoir qui l'avait soutenue... mais les écoles des cathédrales et des monastères étaient restées debout ; elles étaient aussi florissantes que le permettait l'état des lumières. Or, les nouveaux souverains érigés par la féodalité n'avaient garde de jeter leurs yeux de ce côté. Contents des droits de justice, de guerre, de monnaie et autres, qui ajoutaient à leurs richesses et leur faisaient goûter le pouvoir sous la forme matérielle et lucrative, ils ne comprenaient rien aux influences morales, au nombre desquelles l'enseignement tenait le premier rang. Ils laissèrent donc la propriété de ce grand droit au clergé, qui en sentait seul la puissance pour régir les peuples (1). »

Enfin, au XIVe siècle, le pouvoir séculier, sortant de son long assoupissement, réclama les prérogatives de son indépendance temporelle. Alors *la chance tourna* (2). C'est-à-dire que le droit d'enseigner, oublié pendant plusieurs siècles, reprit sa place dans notre droit public. Dès que l'État fut parvenu à une organisation fixe et régulière, l'enseignement fut lui-même considéré comme un droit régalien, une branche de la puissance publique, un élément essentiel du pouvoir social (3). Il a fallu, sans doute, plus d'un effort pour en arriver là ; on en trouve les traces à toutes les pages de la jurisprudence parlementaire. Mais, en 1789, cette

(1) M. Troplong, *Du Pouvoir de l'État sur l'enseignement*, p. 58 et 59.

(2) Expression de Loyseau, citée par M. Troplong, p. 103.

(3) *Loc. cit.*, p. 295.

maxime était devenue depuis longtemps un principe fondamental, incontestable et non contesté (1).

La raison en est simple : « C'est que l'éducation de la jeunesse est la préparation de l'avenir de la patrie ; et l'État serait frappé de vertige si, content de vivre misérablement sur le terrain du provisoire, il abandonnait cet avenir aux hasards de l'exploitation industrielle et aux vues redoutables d'une exploitation hostile (2).

« Cette haute part faite à l'État, ajoute M. Troplong, n'est pas le fruit d'un abaissement illibéral devant le pouvoir, c'est le sentiment de ce que l'éducation a de noble et de patriotique ; c'est la plus haute expression de sa grandeur. Dans ce système, on conçoit l'enseignement, non comme l'œuvre mercantile de la concurrence, non comme une affaire de spéculation et de commerce, mais comme un office public, comme une magistrature qui doit avoir la moralité, la sainteté de la justice (3). »

A ce langage, on reconnaît sans peine les maximes de l'ancienne école parlementaire. En les adoptant, M. Troplong ne fait que demeurer fidèle

(1) M. Troplong, *Ibid.*, p. 5.
(2) *Loc. cit.*, p. 7.
(3) *Loc. cit.*, p. 9.

à la tradition de nos grands jurisconsultes. Mais, ce qui lui est propre, c'est le sentiment de respect et de justice qui préside à ses appréciations. Cette modération est un trait qui mérite peut-être d'être relevé au milieu des colères et des amertumes qui ont trop souvent accompagné ces débats. M. Troplong a montré par cet exemple que le pouvoir civil pouvait défendre ses prérogatives sans recourir aux armes de l'acrimonie et de l'irritation. C'est ainsi que, s'occupant de la prépondérance exclusive que l'Église a exercée sur l'enseignement pendant le moyen âge, il n'hésitera pas à se séparer franchement des partisans de sa doctrine, parce qu'eux-mêmes se sont séparés de la vérité.

« Pour expliquer, nous dit-il, un ordre de faits si éloignés de nos mœurs, il n'est pas nécessaire de recourir au reproche banal d'usurpation, comme l'ont fait Loyseau et autres dans leurs controverses sur les droits respectifs de l'Église et de l'État. L'usurpation ne saurait rendre compte d'une combinaison politique qui a eu pour elle de si longues années de possession paisible et d'acquiescement populaire. Nous écarterons donc une expression blessante et injuste, sans toutefois nous étonner qu'elle se soit trouvée sous la plume des jurisconsultes éminents que nous venons de citer ; car ils vivaient au plus fort d'une lutte soutenue contre les débris du moyen âge ecclésiastique au profit des intérêts modernes ; et dans la chaleur du combat, les esprits les plus fermes peuvent se laisser entraîner à des mouvements passionnés. Pour nous, société du XIXe siècle, qui avons trouvé ces questions depuis longtemps et définitivement résolues dans un sens conforme à la marche naturelle de la civilisation, nous pouvons en parler avec plus d'impartialité et remuer sans colère et sans crainte une cendre refroidie (1). »

C'est ainsi, en effet, que les discussions grandissent, qu'elles sortent de l'ornière battue des déclamations, et qu'elles deviennent fécondes pour la raison et la vérité. Mais notons bien, en même temps, que cet esprit de haute et impartiale équité qui sait rendre justice à tout le monde n'enlève rien, chez M. Troplong, à la fermeté des convictions. Nous en trouverons la preuve dans cet autre passage qui résume toute sa doctrine :

« Quant à nous, qui n'envions au clergé aucun des services qu'il a rendus à la société, nous nous croirions ingrats si nous lui disputions l'honneur

(1) M. Troplong, *loc. cit.*, p. 100.

si bien mérité d'avoir jeté les premiers fondements de l'enseignement en France ; et, loin de lui reprocher ici avec Coquille de s'être *magnifié et exalté aux grandeurs temporelles*, nous dirons : Respect à vous, hommes qui avez aimé l'étude quand votre siècle n'aimait que les jeux sanglants de la force brutale ! Respect à vous qui avez enseigné, quand d'autres croyaient qu'il suffisait de savoir vaincre ! En proclamant le droit de l'intelligence, vous êtes entrés dans les voies de Dieu, qui veut que ce soit l'esprit qui gouverne les hommes. Mais, par cette initiative, vous n'avez pas fait que l'enseignement soit vôtre à jamais ; vous avez seulement rendu à la société ce qui lui appartenait (1).

« Si, dans des temps plus reculés, ce droit est demeuré suspendu et comme assoupi, si l'Église a été alors en possession de répandre les lumières et l'enseignement, il n'est résulté de là qu'un déplacement provisoire et passager du droit d'enseigner, que l'occupation accidentelle d'une fonction qui ne doit jamais vaquer, mais non pas une prescription de nature à dépouiller l'État d'une prérogative imprescriptible (2). »

(1) M. Troplong, *loc. cit.*, p. 74.
(2) *Loc. cit.*, p. 292.

Je ne veux point prolonger plus longtemps cette analyse. Tout ceci n'est plus que de l'histoire, depuis que la loi du 15 mars 1850 paraît avoir trouvé un accord équitable et accepté entre les prétentions rivales. Laissons donc toutes ces armes de guerre dans le fourreau. Aujourd'hui, la paix est faite; Dieu veuille qu'elle soit durable!

Cependant, ne nous faisons point illusion. Cette question de la liberté d'enseignement n'est qu'une face de la longue querelle qui a de tout temps divisé le sacerdoce et l'Empire. Apaisée sur un point, elle ne manque pas d'occasions pour se rallumer sur d'autres. Et si nous devenions les témoins d'un nouveau conflit; si la balance des deux pouvoirs, si lente à prendre son équilibre, venait à être de nouveau agitée, rappelons-nous les enseignements que M. Troplong a puisés dans l'histoire. « Le moyen âge, nous dit-il, a sans cesse passé d'une extrémité à l'autre sur la question des deux puissances. Sous Charlemagne, l'État domine l'Église. Plus tard, l'Église domine l'État. C'est que la séparation du spirituel et du temporel n'est pas une idée à la portée de toutes les époques. Ce grand principe fut entièrement inconnu du monde ancien. Proclamé pour la première fois par l'Évangile, il a dû surtout son développement pratique aux catholiques gallicans, qui, animés à la fois d'un dévouement patriotique pour le souverain et d'un respect religieux pour le saint-père, ont cherché l'union des deux royaumes dans leur indépendance, et leur indépendance dans la précision rationnelle de leurs limites (1). »

Ces limites, aux yeux de M. Troplong, ne sont autres que ces libertés de l'Église gallicane qui, « loin d'être un schisme, comme on a osé le dire malgré Bossuet, ont au XVIe siècle sauvé le catholicisme dans notre patrie. Car, pour ma part (ajoute-t-il), je suis pleinement convaincu que si la France ne suivit pas l'Angleterre et l'Allemagne dans le mouvement de la réforme ; si, fidèle à son union avec Rome, elle ne se fit pas protestante, c'est en grande partie parce qu'elle fut gallicane, et que, grâce à ses libertés, une révolution religieuse n'avait rien qui pût flatter ses intérêts (2). »

Je me permets de recommander, encore aujourd'hui, ces graves considérations à la méditation de ceux qui, sur ces questions, tiennent dans leurs mains la paix ou la guerre. Les libertés gallicanes,

(1) M. Troplong, *Du Pouvoir de l'État*, etc., p. 102.
(2) *Loc. cit.*, p. 107.

ces fortes maximes de nos pères, comme les appelait
Bossuet, ont été de nos jours l'objet d'ardentes attaques. J'accorde que la liberté le permet ; je demande seulement que l'on prenne garde où portent
les coups. Rien de plus respectable que la foi religieuse ; rien de plus noble ni de plus touchant,
quand il est sincère, que cet élan de la créature
vers le Créateur ! Je comprends qu'on ait confiance
dans sa force quand on s'appuie sur de tels sentiments. Mais lorsque la foi veut sortir de la conscience individuelle pour devenir une Église et
saisir le gouvernement des âmes, elle n'est dispen-
sée d'aucune des conditions qui sont imposées aux
gouvernements humains. C'est pourquoi je ne puis
m'empêcher de penser tout bas : S'il est vrai que
les libertés gallicanes aient été pour quelque chose,
si peu que ce soit, dans le sort du catholicisme au
XVIᵉ siècle, il est au moins imprudent de briser
la planche de salut quand les tempêtes ne sont pas
calmées. Le grand orateur de l'Église grecque,
saint Chrysostôme, dans une circonstance où il ne
pouvait avoir tout ce que sa foi eût désiré, savait
se résigner en disant : « Saisissons, puisqu'il le
faut, *une planche au lieu du vaisseau* (1). » Que

(1) *Hom. in math.,* 1, 1.

d'autres soulèvent, s'ils le veulent, la question d'orthodoxie; pour moi, j'applaudis à sa sagesse et à sa prudence.

Nous connaissons maintenant les idées de M. Troplong sur la question de l'enseignement, ce problème si grave et si irritant du gouvernement intérieur. Son étude sur Machiavel et Grotius va nous transporter sur un tout autre théâtre, celui du droit international.

C'est encore, si je ne me trompe, l'à-propos des événements contemporains qui lui a inspiré ce travail, publié en 1846 (1). On peut se rappeler, en effet, qu'à cette époque les adversaires du gouvernement de Juillet ou du ministère qui conduisait ses destinées concentraient leurs plus vigoureux efforts sur les affaires étrangères et sur les incidents de la diplomatie. Par une coïncidence remarquable, presque toutes les questions nous mettaient en contact, sinon en conflit, avec l'Angleterre. Le droit de visite, l'occupation et le protectorat des Marquises, les mariages espagnols, nous la faisaient rencontrer partout.

(1) Inséré d'abord dans la *Gazette des Tribunaux* du 6 mai 1846, puis reproduit dans la *Revue de législation*, 1846, t. III, p. 79.

Cette puissance passait alors pour avoir, en fait de droit public, « certains cas réservés » sur lesquels elle refusait d'entrer en communauté avec les idées des deux mondes, et qui constituaient à son profit des priviléges condamnés par l'équité (1).

M. Troplong saisit l'occasion pour jeter un coup d'œil sur le droit public. Il le fit dans quelques pages trop courtes pour renfermer une étude complète, mais qui n'en sont pas moins intéressantes par la similitude que l'auteur croit devoir y signaler dans le développement de toutes les branches de la jurisprudence. Si l'on pouvait douter de la parenté qui les unit, on n'en saurait trouver de meilleure preuve. « Le droit civil, dit-il, n'est pas parvenu tout d'un coup à l'état de perfection dont il est aujourd'hui doté. Avant de reposer sur la base du droit naturel, il a subi le joug d'un matérialisme aveugle; il a été l'esclave des formes, des mots, d'une défiance systématique; l'équité en a été longtemps bannie au profit de conceptions artificielles et arbitraires. — Le droit public a eu aussi ses phases. Aujourd'hui, les rapports d'État à État

(1) L'Angleterre a bien marché depuis ce temps-là! Il faut lire à ce sujet un très-intéressant mémoire présenté par M. Drouyn de l'Huys à l'Institut, et imprimé sous ce titre : *Les Neutres pendant la guerre d'Orient.*

et les relations des sujets avec le prince sont théoriquement ramenés, par les publicistes dignes de ce nom, aux principes de la bonne foi et de l'équité, au respect des droits naturels, à la pratique des devoirs réciproques. Il n'en a pas toujours été ainsi. L'âge barbare a également passé sur le droit public : il l'a enveloppé de ses ténèbres, plus encore que le droit civil. Le droit public a été souillé par la contagion des intérêts égoïstes, des passions honteuses, de la fraude et de l'astuce, par la préférence de l'utile sur l'honnête, par l'oppression du faible, par la brutalité et l'insolence des forts.

« Notre ancienne littérature juridique renferme de remarquables ouvrages, dans lesquels on peut suivre de degré en degré cette marche du droit public. Rien n'est plus attachant qu'une telle étude, pour peu qu'on l'accompagne des enseignements de l'histoire. On y retrouve ce fait constant et perpétuel, savoir : que c'est surtout dans les civilisations naissantes ou peu avancées (dans ces civilisations qu'on nous a trop longtemps représentées comme des modèles de candeur) que le droit public est atteint de la plus grande corruption ; tandis qu'il s'épure davantage à mesure que la civilisation s'étend, se développe et s'éloigne du berceau des nations (1). »

Après avoir esquissé dans ces considérations générales la vraie théorie du droit public international, M. Troplong personnifie les phases de son histoire dans deux hommes, Machiavel et Grotius, ou plutôt dans deux livres : le *Del Principe* et le *De Jure belli ac pacis*. Le livre *Del Principe*, cette conception profonde, « comme serait une trouée pour pénétrer aux enfers, » est, à ses yeux, le Code de la politique astucieuse des temps barbares. « C'est le miroir du gouvernement et du droit public du moyen âge ; c'est l'image de la société en vue de laquelle il a été fait ; société polie du côté des études, des arts, du goût littéraire, mais barbare encore du côté des institutions (2). » Le livre de Grotius, au contraire, est la première expression du droit public des temps civilisés. « Il a arraché le droit public à ces turpitudes ; il en a éliminé l'élément machiavélique pour le poser sur la base de la justice éternelle ; il a démontré que, comme le droit civil, il a ses règles immuables dans la bonne foi, dans l'équité ; qu'en un mot, le droit public

(1) *Revue de législation*, 1846, t. III, p. 79 et 80.
(2) *Loc. cit.*, p. 81.

n'est que le droit naturel appliqué aux intérêts publics intérieurs ou extérieurs, de même que le droit civil est ou doit être, autant que possible, le droit naturel érigé en loi des rapports privés (1). »

Tout l'article abonde ainsi en vues profondes ou ingénieuses sur le passé et même sur l'avenir du droit public. Mais ce n'est là, je le répète, qu'une tête de chapitre. Ce programme appelait des développements ultérieurs auxquels M. Troplong songeait peut-être, mais qu'il n'a point réalisés. S'il en a eu l'idée, personne ne regrette plus que moi qu'il ne l'ait point suivie. Il eût été curieux d'étudier avec lui les détails de la transformation qu'il a si bien indiquée en quelques traits, ses causes, ses caractères, ses phases, ses progrès, et aussi ses conséquences pour les peuples. Avec sa haute intelligence pour guide et sa plume pour instrument, quel beau livre on peut rêver là-dessus! Mais on n'est le maître de choisir ses travaux que dans les temps tranquilles, et la tranquillité des temps allait elle-même devenir de l'histoire. 1848 arrivait. Avec 1848, l'immense secousse politique et sociale dont les vibrations durent encore.

C'est à l'histoire à raconter ce prodigieux évé-

____
(1) *Revue de Législation*, 1846, t. iii, p. 83.

nement et à en discerner les causes. Elle nous apprendra, sans doute, par quel phénomène inattendu, au milieu d'un pays tranquille, libre, prospère, un gouvernement régulier, défendu par de grands talents, a pu subitement s'affaisser, non pas après avoir chancelé comme la femme ivre dont parle l'Écriture, mais « comme une machine qui éclate au milieu même de son action (1). » Elle nous dira la ténacité peut-être exagérée des uns, mais aussi l'ardeur inconséquente des autres; la confiance excessive, trop vite changée en défaillance, chez ceux-ci; l'imprévoyance candide de ceux-là, révolutionnaires sans le voir, sans le savoir et sans le vouloir; enfin la surprise de tous, vainqueurs et vaincus. M. Troplong, dès 1840, mettait déjà le doigt sur ces germes de faiblesse, lorsqu'il signalait, en les déplorant, « ces débats, qu'on appelle politiques et qui ne sont que personnels, agités entre des hommes qui, au fond, ne sont pas séparés par l'épaisseur d'un cheveu, et qui viennent périodiquement accrocher à une balançoire aérienne le gouvernement du pays (2). »

(1) C'est l'explication de M. Odilon Barrot, dans sa brochure de *la Centralisation et ses effets*.

(2) *Commentaire du louage*, préface, p. XII.

La philosophie politique, lorsque le moment sera
venu pour elle de prononcer sur ces faits d'hier,
saura bien nous montrer comment les pouvoirs publics sont sourdement minés avant de succomber
sous le dernier coup qui les abat. Mais c'est des
suites, non des causes, de la révolution de 1848
que nous avons à nous occuper ici.

Personne n'a oublié, en effet, ce moment où l'on
vit les plus bizarres utopies, jusque-là souter-
raines, apparaître au grand jour, enflant la voix,
renchérissant les unes sur les autres, et corrompant
le peu qu'elles pouvaient renfermer de sensé par
des exagérations inintelligentes ou mal intention-
nées. L'édifice qui nous sert d'abri ressemblait
alors à ce palais du vieux Priam dont les portes,
brisées par le bélier, laissaient apercevoir toute la
charpente intérieure.

> Apparet domus intus et atria longa patescunt!

Ainsi notre machine sociale, mise à nu, livrait
tous ses secrets et voyait les ressorts qui la sou-
tiennent attaqués, sinon ébranlés, par des mains
imprudentes ou perfides. La constitution des familles et la propriété, ces deux fondements de tout

ordre social, avaient à subir et à repousser un véritable assaut. Nos lois civiles qui les organisent, et que l'Europe nous empruntait comme un modèle, étaient par la même raison le point de mire de toutes les attaques. Elles étaient condamnées (qui eût pu le croire?) au nom même de la démocratie.

M. Troplong, qui depuis quinze ans n'avait cessé de présenter notre Code civil comme l'expression la plus fidèle du principe démocratique, avait certes lieu d'être surpris d'un tel arrêt. C'était à lui, plus qu'à tout autre, qu'il appartenait de venir au secours de notre loi civile menacée. Il remplit ce devoir dans un volume publié par l'Académie des sciences morales et politiques, sous le titre : *De la Propriété, d'après le Code civil* (1), et dans divers articles intitulés : *De l'Esprit démocratique du Code civil* (2).

Arrêtons-nous un instant sur ces écrits, nés des circonstances, mais qui méritent de leur survivre.

La propriété! On a de tout temps discuté, on discute encore, on discutera toujours sur cette

(1) Il forme la deuxième livraison des *Petits Traités* alors publiés par l'Académie. Paris, 1848.

(2) Insérés dans la *Revue de Législation et de Jurisprudence*. 1848, II, 128; 1850, I, 321, et II, 181.

brûlante question. C'est un sujet éternel de controverse parmi les hommes. Cependant, quand on étudie de près ces interminables débats, il s'en dégage, si je ne m'abuse, une incontestable vérité : c'est que la nécessité de l'institution n'a jamais été sérieusement contestée. Platon, en se faisant l'apôtre théorique de la communauté des biens, reconnaissait lui-même que, dans la pratique, ce serait trop demander à ses contemporains que de vouloir les plier au joug de la vie commune (1). A l'exemple de Platon, les réformateurs les plus hardis ont reculé devant la même objection ; et la thèse du communisme pur, trop transparente pour des adversaires et peut-être même aussi trop creuse pour l'appétit des adhérents, est demeurée sans défenseurs. Ceux donc qui se sont montrés les détracteurs les plus ardents de la propriété privée n'en avaient que l'apparence. Ils ne sont pas les ennemis de la propriété en général, mais de la propriété des autres ; ils voudraient, non l'abolir, mais la partager ; en un mot, leur but secret ou avoué

(1) *Les Lois*, liv. V : « Que nos citoyens partagent entre eux la terre et les habitations, et qu'ils ne labourent point en commun, puisque ce serait en demander trop à des hommes nés, nourris et élevés comme ils le sont aujourd'hui. » *Trad. Cousin*, t. VII, p. 283. — M. Troplong, *De la Propriété*, p. 78.

n'est pas de ruiner la propriété dans son principe même, mais de combattre sa répartition telle que le temps, les lois et le libre mouvement de l'activité humaine l'ont faite. Au fond, ce n'est pas d'une question de légitimité qu'il s'agit, c'est d'une question de distribution.

Le problème ainsi ramené à ses véritables termes se simplifie beaucoup. Car sa solution dépend alors exclusivement de l'origine que l'on assigne à la propriété; et il y a ceci de remarquable, que ceux qui rêvent une distribution nouvelle et arbitraire sont les premiers à repousser le principe dont leur prétention serait la conséquence légitime et nécessaire.

Il existe, en effet, deux théories sur l'origine du droit de propriété : l'une qui la fait dériver du pouvoir social, l'autre qui la rattache à la puissance individuelle. D'après la première, celui qui travaille n'est pas le propriétaire immédiat des fruits de son travail; il n'en a que la jouissance, et encore par tolérance. Entre lui et la chose qu'il crée, qu'il améliore, qu'il féconde, il y a un tiers qui s'interpose et qui, en vertu d'une puissance supérieure et dominante, attire à lui le droit de propriété sur cette chose ou sur ses fruits. Ce tiers, c'est le pouvoir social, sous quelque nom qu'il apparaisse. En Orient, c'est le prince; en Grèce, d'après Platon, c'est la communauté des citoyens; à Rome, la République; dans les temps féodaux, le seigneur suzerain; sous la monarchie absolue, le roi; après 89 même, c'est ce souverain anonyme qu'on appelle la loi.

C'est donc toujours, suivant les temps, la même théorie, masquée derrière des noms différents. L'étiquette change, non la doctrine. Sous un titre ou sous un autre, c'est toujours le pouvoir régalien qui apparaît comme un gouffre béant où viennent se déverser sans cesse tous les produits de l'activité individuelle. C'est pour cet insatiable minotaure que travaille l'humanité; c'est vers lui que remonte, par une sorte d'alluvion métaphysique, le domaine direct et universel de toutes choses; et comme il en est le maître absolu, il en est aussi, par le moyen des lois qu'il fait lui-même, le souverain et légitime distributeur.

Dans ce système, il est clair que tout lui est permis. La main qui donne peut aussi retenir ou reprendre après avoir donné. C'est ce qu'elle fait directement et violemment, si elle agit comme les despotes de l'Orient; par des voies artificieuses, si elle procède au moyen des impôts écrasants ou inégaux, ou par toutes autres entraves qu'elle apporte à la jouissance ou à la transmission des biens.

Violence ou artifice, c'est son droit. Si le principe est vrai, la conséquence est juste. Il n'y a rien à dire, sinon à supplier ce monstrueux pouvoir de borner ses caprices à la propriété ; car si sa fantaisie est légitime quant aux biens, elle l'est aussi à l'égard de l'instrument qui les crée, c'est-à-dire l'homme, devenu le jouet misérable de ce maître omnipotent. C'est ce que signale justement M. Troplong dans une page éloquente :

« S'il est un principe, dit-il, au nom duquel vous pouvez porter sur ma propriété une main sacrilége, ce même principe (s'appelât-il fraternité) vous autorise aussi à vous emparer de ma liberté, et je suis obligé de souffrir le sacrifice de mon indépendance personnelle. Ne reculez pas dans cette voie où la tyrannie appelle la tyrannie. Il faut que vous subissiez les conséquences de votre principe. Qu'est-ce que ma propriété, sinon la représentation de mon travail capitalisé? Qu'est-ce que mon travail capitalisé, sinon l'usage de ma liberté? Vous confisquez donc ma liberté en confisquant ma propriété! En avez-vous le droit? Si vous êtes autorisé à me demander mon champ, pourquoi ne pourriez-vous pas me demander les journées de travail et les heures de sueur que j'ai mises à l'acquérir? Eh bien! rétablissez la corvée féodale; rétablissez la servitude personnelle; soumettez-moi à un travail forcé comme l'esclave de Sparte et des Antilles, vous en avez le droit!... (1). »

Oui, telles sont les conséquences de ce premier principe, si l'on peut décorer d'un tel nom ce qui serait le tombeau de tous les principes. Il n'y a pas moyen de les contester. Je ne prétends pas que les défenseurs du principe les réclament; la prudence la plus vulgaire oblige quelquefois les plus hardis théoriciens à s'arrêter à mi-chemin des conséquences de leur thèse. Mais l'humanité, qui les aperçoit au bout de leur système et qui n'en veut pas, qui a toujours lutté pour les repousser, repousse également, et c'est tout naturel, le système qui les engendre. Elle a placé sa foi, son progrès, son émancipation, dans le triomphe du second principe auquel on peut rattacher la propriété.

Ce principe, quel est-il? C'est que l'homme, cette créature intelligente et active, trouve dans sa na-

(1) *De la Propriété*, p. 73.

ture une propriété que Turgot proclamait la première, la plus sacrée et la plus imprescriptible de toutes : le droit de travailler. Ce droit, ce n'est pas du pouvoir social qu'il le tient : c'est de Dieu, qui lui a donné une intelligence et des bras. Or, ou ce droit n'est qu'un don stérile, une formule vide, ou il est vrai dans son exercice et dans ses résultats comme dans son principe ; ou il n'est qu'une absurde tromperie, ou il entraîne avec lui le droit de jouir librement des fruits du travail accompli ; le droit de jouir dans sa plénitude, sous toutes les formes de la jouissance : jouissance des sens, jouissance de l'esprit, jouissance du cœur, c'est-à-dire liberté d'amasser, de consommer, de dépenser, de prêter, de louer, de donner, de laisser à ses enfants ou aux élus de son affection. Ainsi donc, l'homme qui travaille exerce un droit ; en l'exerçant il crée un résultat ; cette création, fille du travail, appartient au travailleur ; elle lui appartient au même titre que son droit de travailler, dont elle est la mise en action. Ni le prince, ni l'État, ni la communauté, n'ont le droit de la lui disputer ni de la limiter. Ce qui leur appartient légitimement, c'est le droit de régler l'usage des propriétés privées dans le sens du bien général et de se faire payer,

dans la limite du service rendu et proportionnelle-
ment par tous, le prix de la protection qu'ils accordent à l'exercice du droit de tous et à ses résultats. S'ils prétendent aller au delà, ils usurpent ; ils
confisquent sous sa manifestation matérielle le
droit de travailler lui-même (1).

Voilà quel est le fondement véritable de la propriété individuelle. On peut entasser sophismes sur
sophismes, on ne l'entamera pas. La logique a
aussi ses droits imprescriptibles. Ou bien l'on reconnaîtra et l'on respectera la propriété libre,
entière, absolue, la propriété personnelle, domes-

____

(1) M. Portalis, *Exposé des motifs du Code civil*; Locré,
t. VIII, p. 152 et suiv.

« Nous convenons que l'État ne pourrait subsister s'il n'a-
vait les moyens de pourvoir aux frais de son gouvernement ;
mais en se procurant ces moyens par la levée des subsides, *le
souverain n'exerce point un droit de propriété ; il n'exerce qu'un
simple pouvoir d'administration.*

« C'est encore, non comme propriétaire supérieur et universel du territoire, mais *comme administrateur suprême de l'intérêt public*, que le souverain fait des lois civiles pour régler
l'usage des propriétés privées. Ces propriétés ne sont la matière
des lois que comme objet de protection et de garantie, et non
comme objet de disposition arbitraire. Les lois ne sont pas de
purs actes de puissance : ce sont des actes de justice et de raison. Quand le législateur publie des règlements sur les propriétés particulières, *il n'intervient pas comme maître, mais
uniquement comme arbitre, comme régulateur, pour le maintien
du bon ordre et de la paix.* » (*Ibid.*, p. 155.)

tique, héréditaire; ou bien il faudra convenir qu'on détruit ou qu'on mutile le droit de travailler, ce droit que l'on revendique si haut sans en vouloir les conséquences naturelles. L'alternative est inévitable.

En montrant que notre Code civil était précisément fondé sur cette dernière théorie, M. Troplong n'a pas eu de peine à justifier qu'il s'était placé sur les bases mêmes du droit naturel et de la démocratie. Car qu'est-ce que la démocratie, cette chose dont on parle tant et qu'on semble vraiment si peu comprendre, sinon l'avénement de l'individu sur le théâtre du monde et la prépondérance des principes qui, au lieu de l'absorber dans la masse, respectent et protégent sa personnalité et sa liberté? Dans les sociétés primitives, l'individu n'est rien par lui-même et n'est compté pour rien; il se perd dans l'unité du tout. Les sociétés aristocratiques font un pas de plus; elles n'émancipent pas encore l'individu, mais elles affranchissent la famille ou la caste; elles les détachent de la masse pour en former des groupes distincts, ayant leurs droits, leurs libertés, leur existence propres. Enfin l'avénement de la démocratie complète ce travail de *désenveloppement* graduel. De la famille, elle tire l'individu, à qui elle reconnaît des droits et assure une sphère d'action personnelle , une existence à la fois libre et combinée avec la vie de l'ensemble. N'est-il donc pas étrange que ce soient précisément ceux qui parlent avec le plus de fracas de la démocratie qui, sur le chapitre de la propriété, sous l'empire de convoitises sans mesure, réclament avec tant d'ardeur un régime qui serait la négation la plus directe du principe démocratique?

Répétons-le donc, aujourd'hui comme il y a vingt ans, avec M. Troplong : « Si la théorie de la propriété telle que l'a consacrée le Code Napoléon n'était pas une théorie démocratique, que serait-elle donc? N'a-t-elle vaincu les prétentions despotiques et régaliennes de l'État que pour retrouver, sous une autre dénomination, son joug intolérable, au moment où la liberté et le travail lui ont procuré de si magnifiques développements? Non, notre société n'abolira pas, au nom profané de la démocratie, l'œuvre la plus admirable et la plus solide de la démocratie moderne; elle ne laissera pas périr le droit dans le droit le plus saint, le plus inviolable, le plus essentiel à l'homme.

« La propriété ne peut être que ce qu'elle est aujourd'hui : elle ne serait vaincue un jour par la force brutale que pour renaître de ses ruines dans les conditions actuelles que Dieu a mises dans sa nature de toute éternité. On changerait les possesseurs, on ne pourrait pas changer l'institution ; il n'y aurait qu'un crime et un bouleversement de plus. Mais qu'on ne croie pas qu'il soit si facile d'ébranler cette forte institution, qui repose sur une immense assurance mutuelle de presque tous contre quelques dissidents égarés. Lorsque les barbares vinrent fondre sur l'empire romain, ils trouvèrent une société en décadence, une aristocratie fatiguée, une population esclave, la propriété avilie et presque déserte, la disette d'hommes, l'extinction de la richesse et de l'industrie. Une régénération était nécessaire. Mais notre société moderne, dont l'aurore est en 89, ne s'est pas usée si vite sous l'influence du principe démocratique, qu'elle ait besoin de régénérateurs. Elle a pour elle sa jeunesse, sa vigueur, ses lumières, un faisceau puissant d'intérêts légitimes, l'émulation de tous, le droit commun pour tous. Avec ces éléments de civilisation, elle peut s'avancer dans l'avenir, sans crainte qu'on lui reproche d'avoir violé le droit des sociétés humaines (1). »

(1) *De la Propriété*, p 152 et suiv.

Après avoir ainsi justifié le véritable principe sur lequel le Code Napoléon a édifié la constitution moderne de la propriété , M. Troplong , étendant son point de vue, voulut montrer l'esprit éminemment démocratique de ce Code tout entier. C'est la même thèse, on le remarque, qu'il avait posée près de quinze ans auparavant, au début de ses travaux. Il n'avait donc rien à changer à ses idées , mais il avait singulièrement changé d'auditoire. Lorsqu'il avait le premier, je crois, mis en relief le caractère de notre loi moderne , il marchait en avant des plus avancés, et c'était la partie un peu réfractaire de la société française qu'il avait à convaincre. En reprenant ce sujet quinze ans après, il trouvait les idées déplacées et exaltées par une révolution; il rencontrait alors pour contradicteurs, non plus ceux que la démocratie du Code Napoléon étonnait, mais ceux à qui elle ne suffisait plus. En 1833 il avait eu à révéler l'esprit démocratique du Code; il avait à montrer, en 1848 , que cet esprit était suffisamment démocratique. C'est le sort qui attend éternellement les opinions modérées.

Celles de M. Troplong étaient en mesure de résister à ces chocs successifs. Au fond, le Code civil était attaqué par le côté qui fait son mérite, c'est-à-dire pour cet esprit de sage mesure avec lequel il a su tenir compte de toutes les nécessités légitimes de la vie sociale. On le trouvait trop modéré, ou, comme on disait déjà, trop peu radical. Mais des objections de cette force ne sont pas faites pour désarçonner ceux qui, au lieu de se payer de mots, commencent par méditer sur la philosophie des lois. L'œuvre du législateur serait trop facile, en effet, s'il lui suffisait de proclamer quelques principes absolus, n'admettant ni exceptions ni restrictions, et courbant toutes choses sous un même niveau, despotique et inintelligent. Ce serait l'épée d'Alexandre, comme le remarquait un jour M. Guizot, tranchant tous les nœuds qu'on ne veut pas prendre la peine ou le temps de délier. Mais de tels principes n'ont de créance qu'auprès d'un petit nombre d'esprits chimériques, entraînés par leur apparente et décevante simplicité; ils ne sont admis à régir que les sociétés imaginaires, entrevues par quelques philosophes dans la fièvre de leurs insomnies. Quant aux législateurs qui songent à gouverner des sociétés vivantes, ils repoussent les principes absolus parce qu'ils en connaissent la tyrannie et la fausseté. Ils savent, par exemple, que la liberté, le premier de tous les principes, deviendrait le signal du plus intolérable désordre si chacun pouvait y trouver le droit absolu de vivre sans respecter le droit des autres ; que l'égalité absolue, appliquée à des inégalités naturelles et inhérentes à l'humanité, serait un régime impitoyable, précisément pour tous les faibles et les déshérités que l'on a la prétention de protéger plus efficacement, et que les lois, pour être vraiment humaines et tutélaires, doivent prendre à tâche, selon l'admirable expression de Montesquieu, *d'égaliser les inégalités* ; que l'équité, enfin, si la carrière lui était ouverte sans étude et sans réflexion, supprimerait toutes les lois pour ne laisser régner que le caprice. En un mot, les plus nobles principes, pour être la sauvegarde et non la ruine des sociétés, ont besoin de sacrifier quelque chose de leur pureté originelle, comme l'air qui nous fait vivre doit perdre un peu de la sienne, sous peine de nous être mortel. C'est pourquoi le législateur intervient « comme un médecin habile (1) » pour distribuer sagement dans les lois les bienfaits de la liberté, de l'égalité et de l'équité. N'allons pas lui demander une perfection qui n'est pas de ce monde et qu'il ne saurait nous donner ;

(1) M. Troplong, *Contrainte par corps*, n. 1.

mais reconnaissons que son œuvre est bonne lorsque, «dictée par un esprit libéral, elle accorde à
l'homme tout ce qu'il est raisonnablement possible
de lui donner, eu égard à sa capacité actuelle,
aux circonstances contemporaines, à l'intérêt des
autres et au bien de l'État (1). »

Guidé par ces principes, qu'il professait depuis
longtemps, M. Troplong se mit donc à passer en
revue les principales matières du droit privé et à
vérifier les titres de leur légitimité démocratique.
Il nous montre d'abord le Code civil sortant de la
main de ses auteurs, « ces hommes passés au feu
de la fournaise démocratique, qui pour la plupart
s'étaient formés dans les luttes de nos assemblées
nationales et qui y avaient pratiqué, en face des
plus grands événements, l'amour de la liberté, de
l'égalité, de la Révolution (2)». Puis, l'étudiant dans
ses dispositions fondamentales, il nous y fait voir
à chaque page la liberté civile la plus large qu'on
puisse rêver, puisqu'elle ne s'arrête que devant
l'ordre public et les bonnes mœurs; l'égalité des
personnes et des biens, qui n'a point de restriction;
l'équité, enfin, qui circule partout comme un

(1) M. Troplong, *loc. cit.*
(2) *Revue de Législation*, 1848, t. II, p. 142

baume bienfaisant destiné à adoucir ce que la légalité pure peut avoir de trop rigide. Ah ! rendons-en grâce aux détracteurs du Code civil : Jamais on n'avait mieux établi combien il s'est identifié avec les principes démocratiques de 1789, et combien il a réalisé « avec une persévérance systématique tout ce qu'il y a d'essentiel dans le droit naturel, c'est-à-dire dans le droit dégagé des tyrannies politiques, et calqué sur les principes éternels d'égalité et de liberté que Dieu a gravés dans le cœur de l'homme, et que la nature conserve comme un trésor précieux, malgré les altérations de la barbarie, de l'ignorance et des passions humaines. C'est de ce droit qu'on peut dire avec Mirabeau : *Le droit est le souverain du monde* (1). »

Il était impossible que M. Troplong continuât ainsi à s'occuper des problèmes sociaux soulevés par l'agitation du temps, sans aboutir aux questions qui faisaient alors le fond de toutes les préoccupations du pays : je veux parler de la constitution politique et de la forme du gouvernement. Sans les aborder de front, il lui est, en effet, plusieurs fois arrivé d'y toucher ; et, comme toujours, c'est à l'érudition la plus solide qu'il demandait des

(1) *Revue de Législation*, 1848, t. II, p. 137.

armes pour combattre les fausses doctrines. La science dans ses mains était comme la lance d'Achille, appelée à guérir les blessures de l'ignorance et du demi-savoir prétentieux, plus funeste que l'ignorance elle-même. C'est ainsi que, voyant les réformateurs du temps présent rééditer, sous une forme plus ou moins rajeunie, toutes les vieilleries politiques de l'antiquité, et présenter ces « guenilles » comme un vêtement propre à notre société moderne, il entreprit de nous mettre en garde contre ces restaurations, encore plus bizarres que dangereuses, en montrant sous leur vrai jour ces fameuses républiques d'Athènes et de Sparte, qui, après avoir été le théâtre agité de tous ces essais malheureux, sont devenues le texte et le prétexte de tant de sottises posthumes. Dans un tableau rapide (1), où sa verve s'allume parfois à celle d'Aristophane, il nous fait toucher du doigt comment ces deux républiques, tant vantées au nom de la liberté, ont été, au contraire, deux types très-différents mais très-caractérisés de la tyrannie sociale :

(1) *Des Républiques d'Athènes et de Sparte*, mémoire lu à l'Académie des sciences morales et politiques en janvier 1851. Ce travail a été inséré dans le recueil des *Séances et travaux* de cette Académie, publié par M. Vergé (année 1851), et dans la *Revue de Législation*, 1851, t. II, p. 1.

à Athènes, celle de la licence sans frein, sous le
nom de démocratie ; à Sparte, celle de la réglementation sans mesure, au nom de la raison d'État,
ou, comme on disait alors, au nom de la patrie.

Athènes, en effet, fut constamment dominée
par une populace tumultueuse, versatile, toujours
en action, revenant chaque jour sur ce qu'elle avait
décidé la veille, tremblant sans cesse pour son indépendance, ombrageuse pour ses droits, envieuse
de tout, capable de rien, ennemie de tous les talents, prenant plaisir à insulter ses grands hommes
et à abaisser ses hommes d'État, pour se livrer
aux flagorneurs qui lui promettent des victoires
sans armée, l'abondance sans travail, la puissance
de l'État sans impôts, et, par-dessus tout, la vie
bruyante et oisive de l'Agora (1). Voulez-vous maintenant vous donner le spectacle du contraste le
plus absolu ? Allez à Sparte : là toute l'existence du
citoyen est organisée avec la régularité mathématique d'un instrument de précision. Le lever et
le coucher, les exercices du corps, la marche et
la tenue, la construction des maisons (1), la

(1) Il faut lire là-dessus le théâtre d'Aristophane qui peint
cette société sur le vif, notamment sa comédie des *Chevaliers*.
(2) Plutarque, *Vie de Lycurgue*.
« Une ordonnance prescrivait d'employer la cognée pour fa-

communauté de l'habitation et des repas, la nature et la quantité des mets, la mesure des rapports conjugaux (1), le poids de chaque citoyen (2), tout cela est prévu, arrêté, réglementé par un mécanisme d'une *monstrueuse perfection* (3). C'est la vie sociale en douze temps.

Que répondre aux faiseurs de systèmes qui, peut-être sans le savoir, ressuscitent ces folies sous d'autres noms, sinon qu'ils méconnaissent à la fois et les conditions du pouvoir et les conditions de la démocratie? M. Troplong n'y a pas manqué. Aux modernes disciples de Lycurgue, qui voudraient faire de l'État un entrepreneur général de bonheur public, il disait avec raison : « C'est l'inverse du génie moderne. Dans la civilisation moderne, le perfectionnement consiste à lever les gênes politiques et civiles, à étendre la liberté de l'homme, à le laisser prendre en lui-même le point d'appui de son développement. La vie sociale y est un état d'é-

çonner les planchers des maisons, et la scie pour les portes, et jamais d'autres outils.»

(1) Plutarque. *loc. cit.*

(2) M. Troplong, *loc. cit.*, p. 42.

« Chacun devait compte à l'État du poids de son corps; tous les dix jours on subissait une inspection, et l'embonpoint, signe de paresse, était condamné à l'amende par les éphores. »

(3) Expression de Montaigne, liv. 1, ch. 24

mancipation et non de tutelle; et l'on demande au pouvoir les lois les plus rapprochées de la nature et de l'équité, sans intervention tracassière dans les destinées de l'homme. L'amour de la patrie est-il affaibli par cet amour du droit individuel? Nullement. La patrie est d'autant plus aimée que le lien politique est fortifié par les affections de famille, par l'attachement à la propriété et par la jouissance d'une vie libre, facile et polie (1). »

Pour ceux qui ne reconnaissent la démocratie que sous la forme du mouvement perpétuel, et qui placent leur idéal dans la fermentation sans but, M. Troplong ajoutait : « La démocratie est un état normal de civilisation; elle est un gouvernement légitime. Or, qui dit gouvernement dit règle et direction, frein et assujettissement. La démocratie comporte à merveille l'existence de barrières qui opposent à la force aveugle du nombre la force éclairée de la raison, à un mouvement qui entraîne la résistance qui modère, au besoin de changement la nécessité impérieuse de la conservation. C'est la démagogie seule ou l'anarchie qui repousse ces entraves, pour mieux satisfaire ses

(1) *Revue de Législation*, 1851, t. II, p. 40.

caprices, sa mobilité, son envie, sa passion de la destruction (1). »

Quant à ces barrières destinées à contenir la marche aventureuse et les soubresauts de la démocratie omnipotente, M. Troplong croyait aussi les connaître. Il les indiquait suffisamment, en pleine année 1848, lorsqu'il écrivait: « Il est plus d'une fois arrivé à la démocratie de vivre d'accord avec la royauté et de faire faire ses affaires par un monarque (1). »

C'est qu'en effet M. Troplong était profondément pénétré de la nécessité de la forme monarchique dans notre pays. Opinion très-naturelle dans ces dernières années, puisque la question a été jugée par le seul pouvoir rationnellement compétent pour la trancher. Le suffrage populaire ayant prononcé, on a pu s'étonner de voir quelques-uns de ceux qui, pendant trente ans, l'avaient invoqué comme la vérité suprême, élever la prétention de s'inscrire contre son arrêt; mais à eux seuls il appartenait de ne pas sentir qu'ils prenaient soin de justifier eux-mêmes ce qu'on leur avait répété si souvent de la

(1) *Revue de Législation, loc. cit.*, p. 13.
(2) *Revue de Législation*, t. II de 1848, p. 129 (livraison de juin).

sincérité de leur longue et ardente revendication. Quant à ceux qui n'avaient jamais fait du suffrage universel une machine de guerre, ils se sont inclinés devant son verdict, les uns avec bonheur, les autres avec résignation, tous avec le respect dû à la souveraine volonté d'un grand pays disposant de ses destinées. Ils pensaient dès lors ce qu'un illustre orateur devait reconnaître hautement un peu plus tard : « Quand la France a prononcé, le droit y est!... C'est manquer et à la loi et au bon sens que de chercher à substituer des vues particulières à sa volonté clairement exprimée (1). »

M. Troplong n'eût certes pas choisi cette occasion pour déroger à l'habitude qu'il avait eue toute sa vie de respecter le bon sens et la loi. Près de vingt ans avant il écrivait : « Quant à moi, qui fais profession de voir le véritable droit public dans tout ce que l'humanité accepte avec persistance, je repousse les déclamations ultra-monarchiques et ultra-démocratiques parce que, dans ces matières, je ne connais pas de droit *a priori* et absolu (2). » C'était assez dire que sa volonté particulière n'aurait point la vanité d'entrer en lutte avec la volonté

(1) M. Thiers, *Discours au Corps législatif*, 11 janvier 1864.
(2) *Revue de Législation*, t. 1, p. 165 (1835).

nationale. Mais on vient de voir en outre qu'il n'avait pas attendu cette solennelle manifestation pour considérer la monarchie comme une des pièces nécessaires de notre établissement démocratique. La vérité est, au contraire, que cette opinion était chez lui très-ancienne et très-solidement arrêtée. Que des événements récents et impérieux aient encore fortifié sa foi à cet égard, j'en suis parfaitement convaincu; mais après avoir lu, étudié, médité ses écrits, j'entends dire qu'il était monarchique par raison, ou, si l'on veut, par système, avant de l'être par devoir ou par nécessité. C'est une conviction qu'il avait, si je ne me trompe, puisée dès longtemps dans l'enseignement des deux hommes avec lesquels, peut-être, il a entretenu le plus long commerce de sa vie, deux hommes supérieurs, fort étrangers à nos querelles contemporaines, et dont le sentiment provoquera toujours des adhérents : Cicéron et Vico.

Cicéron avait servi et dirigé la république; il lui devait sa fortune politique, l'éclat de son nom, la gloire enfin, dont il était si ardemment épris. C'était bien le moins qu'il lui restât fidèle. Quoi qu'on ait pu dire de la mobilité de son caractère, il n'a pas manqué à ce devoir. Après la chute de la répu-

blique, il se considéra comme vaincu lui-même ;
et, comme tous les vaincus, il s'en consola par des
épigrammes et des récriminations, tantôt contre
les vainqueurs, tantôt contre son propre parti. « Si
l'on m'avait cru, se plaisait-il à dire, nous au-
rions encore une république ; peut-être pas la
meilleure possible, mais enfin elle existerait, tandis qu'elle n'est plus (1). » Douce et inoffensive
consolation qu'il faut bien accorder au lutteur tombé
sur l'arène !

Mais à côté de Cicéron l'ancien consul il y avait
Cicéron le philosophe, familier avec le Portique et
l'Académie, qui avait médité avec Platon et Aristote sur le fort et le faible des gouvernements humains, et qui avait de plus qu'eux l'inappréciable
avantage d'avoir mis la main à tous les événements
de son temps. Eh bien ! Cicéron le philosophe,
cherchant la vérité dans le calme de la retraite et
dans le recueillement de sa noble pensée, se prononce alors avec une éloquente conviction pour le
gouvernement monarchique. Il est bien loin, assurément, de le vouloir absolu ; il le voudrait, au con-

____

(1) *De Officiis*, liv. 1, chap. 11.
In quo si mihi esset obtemperatum, si non optimam, at ali-
quam rempublicam, quæ nunc nulla est, haberemus.

traire, sagement mitigé ; son idéal serait un gouvernement mixte dans lequel l'influence démocratique et l'influence aristocratique auraient pour clef de voûte le principe monarchique (1). Voilà l'opinion calme, réfléchie, philosophique, d'un grand esprit.

Même conclusion chez Vico. Même conclusion, mais avec des motifs qui nous touchent, comme dirait le cardinal de Retz, *à la prunelle de l'œil.* Vico, en effet, n'était pas un homme politique, mais un historien d'une pénétration rare. Nul n'a scruté à une égale profondeur les conditions organiques du développement politique des sociétés humaines. De plus, il avait à son tour l'avantage sur Cicéron de venir dix-huit siècles après lui ; il pouvait faire entrer dans ses calculs des temps et des peuples qui offraient à l'expérience des éléments inconnus à l'antiquité. Or, Vico, en promenant ainsi ses regards perçants sur l'humanité tout entière, fut frappé d'une chose : c'est que partout et toujours, dans la marche politique des sociétés, le principe monarchique a été un port de refuge pour les peuples. « Les hommes, disait-il, aiment d'abord à sortir de sujétion et désirent l'é-

(1) *De Republica*, liv. I, ch. 45.

galité ; voilà les plébéiens dans les républiques aristocratiques, qui finissent par devenir des gouvernements populaires. Ils s'efforcent ensuite de surpasser leurs égaux ; voilà le petit peuple dans les États populaires qui dégénèrent en oligarchies. Ils veulent enfin se mettre au-dessus des lois ; et il en résulte une démocratie effrénée, une anarchie, qu'on peut appeler la pire des tyrannies, puisqu'il y a autant de tyrans qu'il se trouve d'hommes audacieux et dissolus dans la cité. Alors le petit peuple, éclairé par ses propres maux, y cherche un remède en se réfugiant dans la monarchie (1). »

Ce n'est pas tout. Après avoir ainsi constaté le fait permanent, le philosophe en recherchait la raison et les causes. Et résumant à ce sujet toute la philosophie de l'histoire, il disait dans son langage précis et profond : « Les faibles veulent les lois ; les puissants les repoussent ; les ambitieux en présentent de nouvelles pour se faire un parti ; les princes protégent les lois, *afin d'égaliser les puissants et les faibles* (2). » C'est-à-dire que, pour Vico, le principe monarchique est l'instrument essentiel pour maintenir sur tous les citoyens le niveau de

(1) *Science nouvelle*, trad. Michelet, t. I, p. 380.
(2) *Science nouvelle*, t. I, p. 377.

l'égalité devant la loi , qui est le fondement de la démocratie véritable. En présence des « puissants, » l'inégalité des « faibles » exige un contre-poids ; et, comme il faut toujours un tribut à l'infirmité humaine, les sociétés n'arrivent à l'égalité que par l'inégalité même , à l'égalité de tous par l'inégalité d'un seul. C'est pourquoi Vico ajoute : « Aussi la monarchie est-elle le gouvernement le plus conforme à la nature humaine, aux époques où la raison est le plus développée (1). »

Ainsi pensaient Cicéron et Vico. A ces deux maîtres , qui ont toujours joui , aux yeux de M. Troplong, du crédit légitime qu'inspirent la supériorité de l'esprit et le génie historique, j'en ajoute un troisième, le plus grand de tous : c'est l'histoire elle-même, notre propre histoire, qui nous montre l'élément monarchique et l'élément démocratique marchant de concert, s'appuyant l'un sur l'autre, grandissant ensemble, jusqu'au jour où un fatal divorce, séparant leur commune destinée , nous a jetés dans ces oscillations qui nous ont si long-temps ballottés de l'un à l'autre. Ce trouble profond provenait, dans l'opinion de M. Troplong, d'une rupture d'équilibre entre deux forces dont l'har-

(1) *Science nouvelle*, t. II, p. 322.

monie fait la puissance des sociétés, comme celle
des forces humaines fait la santé des individus.
Aussi, plus il voyait la démocratie ardente à accé-
lérer sa marche, plus le contre-poids du principe
monarchique lui paraissait un mécanisme indispensable. à la régularité de son développement.
C'est cette pensée qu'il résumait un jour dans cette
formule heureuse : « Plus une démocratie est étendue, plus elle a besoin d'être fermement gouver-
née. Le centre de tout mouvement doit être d'autant plus fort que la circonférence est plus vaste.
C'est une loi de la dynamique qui est aussi la loi
du monde moral (1). »

Ces convictions anciennes et profondes peuvent
servir à expliquer comment, lorsque ces idées furent consacrées par l'acclamation du pays, M. Troplong, s'élevant soudainement aux premiers rangs
de la politique, se trouva tout à coup en mesure
de les développer avec éclat. On demandait à Xéno-
crate, l'un des philosophes les plus distingués de
la Grèce, quel avantage ses disciples retiraient de
ses leçons : « Celui de faire spontanément, répon-

____

(1) *La Révolution impériale à Rome*, étude publiée dans la
Gazette des Tribunaux du 9 mai 1852.

dit-il, ce que la loi commande (1). » C'est aussi le fruit que retira M. Troplong de ses méditations sur la philosophie de l'histoire. Les plébiscites de 1851 et de 1852, qui furent pour quelques-uns une défaite, pour d'autres une satisfaction, pour tous une loi, furent en même temps pour lui le triomphe populaire d'une opinion scientifique. C'est là, je le répète, le secret de ces brillants rapports, remarqués par tous, amis ou adversaires, par lesquels il a inauguré, dans le sein du Sénat, sa véritable carrière politique.

Mais ici je m'aperçois que le jurisconsulte et le publiciste nous échappent pour faire place à l'homme d'État. Sur ce nouveau théâtre, le rôle de M. Troplong a été plutôt collectif qu'individuel. Il faut donc attendre, pour le juger, que le temps nous dévoile peu à peu les secrets de cette collaboration et permette d'apprécier la part qui lui revient dans l'action commune. Je ne crois pourtant pas me tromper en pensant que, dans cette phase dernière de son existence, M. Troplong est resté fidèle à cet esprit de modération, à ce *medium moderatumque consilium* que recommande l'historien

(1) Cicéron, *De Republica*, liv. Ier, n° 2.

romain (1), et dont il avait fait toujours le guide
de ses doctrines. Ces idées, sans doute, ne sont
point celles des partis ; elles ne traînent avec elles
aucune popularité bruyante ; mais elles conve-
naient, par cela même, à un esprit élevé, habitué
aux paisibles et pures satisfactions de l'étude et
plus ami de la vérité que des applaudissements de
la foule.

(1) Tite Live, II, 30.

CHAPITRE VII

Suite des détails biographiques. — M. Troplong conseiller à
la Cour de cassation, membre de l'Institut, pair de France.
— Première présidence de la Cour de Paris. — Rentrée à la
Cour de cassation comme premier président. — Présidence
du Sénat. — Conseil privé. — Légion d'honneur. — Récompense du travail dans la société moderne. — Sa mort. —
Son œuvre inachevée. — Coup d'œil sur l'avenir. — Conditions de durée des œuvres de l'esprit. — Mérites qui ont fait
survivre Dumoulin, Cujas, Domat, Pothier. — M. Troplong,
leur émule. — Sa défense du Code civil. — Méthode de Cujas
appliquée au commentaire des lois modernes. — Nouvel aspect dans la philosophie du droit. — Système de vulgarisation différent de celui de Pothier. — Le jurisconsulte du
XIXe siècle.

J'arrive au terme de cette étude. La vie scientifique de M. Troplong nous est maintenant connue. Nous l'avons vu tour à tour étudiant, jurisconsulte, publiciste; s'initiant aux mystères de la
philosophie du droit et pénétrant dans les obscurités de son histoire; disciplinant son vaste savoir
sous les lois d'une méthode à la fois large et précise; groupant les connaissances les plus variées

autour de notre loi fondamentale, et élevant peu à peu, par la puissance et l'étendue de son talent, l'étude du droit privé à la hauteur d'une science transcendante.

Parallèlement à ces nombreux travaux, il était naturel que sa carrière judiciaire grandît en proportion des gages qu'il donnait à la science des lois. De la Cour de Nancy, où nous l'avons laissé Président de chambre, il fut bientôt appelé à la Cour de cassation (1835), où il occupa un siége de conseiller jusqu'en 1848. Dans cet intervalle de treize années, il reçut en outre deux témoignages de la haute considération que lui avaient conquise ses ouvrages. En 1840, l'Académie des sciences morales et politiques lui ouvrit ses portes, et, en 1846, il fut élevé à la Pairie.

Une distinction encore plus éclatante lui était réservée en 1848. A cette époque, la première présidence de la Cour de Paris devint vacante par la mort de M. le baron Séguier. De légitimes ambitions étaient éveillées autour de ce siége, l'un des plus justement enviés de la magistrature française. De plus, le pouvoir qui avait à le remplir venait d'être lui-même nouvellement élevé par l'élection, à côté d'une assemblée peu sympathique; ses ré-

solutions étaient généralement attendues, il faut
bien en convenir, avec une susceptibilité un peu
ombrageuse. Mais il eut ici l'heureuse idée de jeter
les yeux sur le jurisconsulte dont le nom remplissait le monde judiciaire. Devant ce choix, les ambitions s'écartèrent sans murmure et les critiques
furent désarmées; le nouveau titulaire eut ainsi
l'honneur et le bonheur de voir la désignation du
gouvernement ratifiée en quelque sorte par le suffrage universel. C'est que, comme l'a très-justement
dit un de ses éminents successeurs, « M. Troplong
était le premier par la science avant d'être le premier dans la Cour de Paris. Il lui apportait tout :
la haute situation, le profond savoir, l'élévation de
l'esprit et du cœur; chef accompli, comme peut le
souhaiter la fierté la plus exigeante d'une grande
compagnie (1). »

Me sera-t-il permis d'ajouter que M. Troplong
apportait encore à la tête de la Cour de Paris une
qualité toujours utile, mais particulièrement précieuse chez le successeur de M. Séguier. Je fais
allusion (on le voit bien) à cette disposition d'es-

(1) M. le Premier président Devienne. Discours d'installation
devant la Cour de Paris, 28 juin 1858 (*Gazette des Tribunaux*
des 28 et 29.)

prit que Montesquieu appelait l'affabilité (1), que d'autres ont appelée la bienveillance (2), et que la transformation de toutes choses devait ajouter aux qualités, d'ailleurs si réelles, de notre ancienne magistrature. Un esprit fin et ferme, bien placé pour voir juste et accoutumé, je le sais, à pratiquer ses théories, me prêtera ici sa plume élégante et autorisée pour exprimer toute ma pensée. « Personne n'admire plus que moi, nous dit-il, ces graves magistrats d'autrefois qui sont l'honneur et la gloire de la magistrature française, et qui furent l'exemple de leur temps. Mais ma vénération pour eux ne saurait m'empêcher de dire qu'au milieu de la société démocratique où nous vivons et dont l'égalité forme la base, où le plus humble dépositaire de l'autorité comme le plus élevé doit se souvenir que c'est de tous qu'il tient ses pouvoirs et pour le service de tous, ces graves et austères figures seraient un contre-sens. La dignité de la toge se concilie très-bien avec cette aisance d'allures et cette simplicité d'attitude qui sont l'apanage et le bon goût de notre époque, et

(1) Discours prononcé à la rentrée du parlement de Bordeaux, le jour de la Saint-Martin, 1725.

(2) M. le procureur général Chaix-d'Est-Ange. Discours de rentrée à la Cour de Paris, 3 nov. 1858.

qui ne sont exclusives elles-mêmes ni de l'indépendance du caractère, ni du respect de soi-même, ni des scrupules de la conscience (1). »

Avec de très-grandes qualités de cœur et d'esprit, le premier président Séguier se faisait, il faut bien le dire, une autre idée de la « dignité de la toge ». Plaçant son idéal dans les pures traditions parlementaires, voulant les faire revivre quand elles étaient abandonnées par la société nouvelle, impatient de cet abandon même, il croyait sa dignité engagée à refouler sans cesse le flot envahissant de la désuétude ; mais, comme tous les pouvoirs qui se sentent menacés, il mettait au service de son dessein plus de vivacité que de tact, plus de conviction que d'habileté : sa fougue primesautière faisait le reste. De là, et de tous côtés, un qui-vive perpétuel et réciproque, qui n'était pas sans jeter quelque embarras dans la marche naturelle des choses.

M. Troplong n'avait aucune raison pour épouser ces préjugés de l'ancienne robe ; il lui suffisait de porter dignement la nouvelle. Il connaissait d'ailleurs le mot de La Bruyère : « La véritable gran-

(1) M. le premier président Saudbreuil. Discours à la Cour d'Amiens, le 22 août 1868, p. 32.

deur est libre, douce, familière, populaire; elle se laisse toucher et manier. » Assez illustre pour être simple, il ne lui coûtait point de se montrer plus facile, plus dégagé, moins susceptible sur le côté extérieur des formes; remplissant sérieusement un grand et sérieux ministère, il ne confondait point la dignité avec la roideur; et, satisfait d'un respect sincère et sans apprêt, comme il sied entre honnêtes gens, il ne sentait nulle tentation d'en éprouver la souplesse.

De la Cour de Paris, M. Troplong monta bientôt à la Cour de cassation en qualité de premier président (1852). Il y venait remplacer M. Portalis, qu'une loi récente, plus séduisante en théorie que bonne en pratique, faisait descendre prématurément de son siége. Il rentrait ainsi, après une courte absence, dans ce sanctuaire du droit qui avait vu naître une grande partie de ses ouvrages.

Des dignités, non pas plus grandes, mais d'un autre caractère, vinrent couronner sa vie. Dès le rétablissement du Sénat, il fut appelé à en faire partie; bientôt il en fut nommé un des vice-présidents; puis, avec le second Empire, il fut investi de la présidence de cette assemblée (1852), qu'il a conservée jusqu'à son dernier jour. Quelques années après (1858) il était appelé au sein du Conseil privé. Ainsi, comme on l'a remarqué avec autant de finesse que de vérité, « l'importance politique, que tant de courtisans assiégent, a passé par-dessus leurs têtes pour aller chercher celui qui ne lui avait pas fait d'avances, et qui, au milieu de nos agitations, s'était contenté d'être un grand écrivain, un éminent magistrat (1). »

Enfin, on sait aussi que, dans l'espace de vingt années, M. Troplong avait franchi tous les grades de la Légion d'honneur. Nommé chevalier en 1834, puis successivement officier (1842), commandeur (1849) et grand-officier (1853), il recevait, en 1854, le grand cordon de l'Ordre.

Je prends quelque plaisir, je l'avoue, à énumérer ces distinctions, moins encore pour louer M. Troplong, dont la gloire durable de jurisconsulte dépasse à mes yeux tous ces titres éphémères, que pour en faire honneur à la société dans laquelle nous vivons. Voici un homme, né plébéien et pauvre, sans crédit et sans appui, n'ayant pour tout bien que son intelligence et son travail. Ses débuts sont modestes comme son origine; sa vie

----

(1) M. le premier président Devienne. Installation à la Cour de cassation (*Journal officiel* du 17 mars 1869).

s'écoule simple et tranquille, sans intrigue et sans
charlatanisme, consacrée tout entière à l'étude et
au devoir. Cependant, je vois cette carrière si
humblement commencée s'achever dans un véritable éclat; le petit substitut de 1819 marche désormais le premier dans la magistrature et l'un
des premiers dans l'État. Devant ce spectacle, sa-
luons d'abord, il y a justice, le vaillant ouvrier
dont le persévérant labeur a su triompher de tous
les obstacles accumulés sur sa route ; ce sera toujours l'honneur suprême d'être le seul artisan de
sa destinée. Mais je dis qu'il faut aussi rendre grâce
à la société moderne de savoir ainsi apprécier dignement le talent et le travail. On n'est que trop
porté à toujours médire de son temps; c'est bien
le moins qu'on lui rende quelquefois justice. Que
de fois en lisant l'histoire, l'esprit est attristé par
le sort misérable réservé au mérite et même au
génie! Le cœur se serre en entendant Vico, méconnu et presque sans pain, soupirer en cachant
sa blessure : « Ma chère patrie m'a tout refusé!.. Je
la respecte et la révère. Utile et sans récompense,
j'ai trouvé déjà dans cette pensée une noble consolation. Une mère sévère ne caresse point son fils,
ne le presse point sur son sein, et n'en est pas moins

honorée (1). » Touchante et sublime parole qui grandit Vico, mais aux dépens de son temps et de son pays! Aujourd'hui la patrie n'aime pas moins ses enfants, mais elle les aime autrement ; elle ne se croit plus obligée de leur témoigner son amour par ses sévérités ; elle aime surtout et ne craint point de caresser ceux de ses fils qui travaillent, parce que le travail est le blason de la démocratie dont elle porte les couleurs. La démocratie, à son tour, née du travail, se grandit elle-même et légitime son avénement en honorant son berceau. C'est pourquoi je m'applaudis de voir ces honneurs décernés au mérite personnel, et je dis qu'un pays et un peuple qui savent ainsi récompenser le travail ne sont point sur la pente de la décadence.

Il y a quelques mois, j'aurais dû m'arrêter là. M. Troplong était alors en pleine marche ; il n'y avait point à conclure. Mais le 1er mars dernier (1869), sa grande intelligence, enrichie par tant d'études, s'est tout à coup éteinte. Pour la première fois depuis cinquante ans, sa main laborieuse s'est reposée, glacée par la mort, en laissant son monument inachevé : *Pendent opera interrupta !...*

(1) Trad. Michelet, t. 1er, p. 120.

Cette œuvre interrompue, longtemps soutenue par le crédit de son auteur, la voilà donc maintenant isolée, sans autre appui qu'elle-même! Et avec ce sentiment de curiosité qui nous est ordinaire et qui voudrait percer les secrets du temps, on se prend déjà à demander : Qu'en restera-t-il? Après avoir exercé sur la jurisprudence de notre âge une si incontestable influence, comment sera-t-elle jugée par l'avenir?

Question délicate, on dira peut-être téméraire, que je n'oserais moi-même poser si j'étais obligé de la résoudre. Il est par trop évident, en effet, que l'idée ne peut venir à personne (et à moi moins qu'à personne) de fixer dès à présent le rang qu'occupera M. Troplong parmi les jurisconsultes. C'est l'affaire de la postérité, dont les jugements ne sont pas toujours d'accord avec les opinions contemporaines. Mais cette question qu'il serait prématuré de vouloir trancher aujourd'hui, il n'est pas défendu pourtant de l'examiner, de l'agiter, ne fût-ce que pour se rendre compte à soi-même des titres que M. Troplong pourra faire valoir au jour de l'arrêt définitif. Aussi est-ce uniquement dans ces termes que je continuerai d'en parler. « Ce que j'en opine, dirai-je avec Montaigne, c'est pour déclarer la mesure de ma vue, non la mesure des choses (1). »

A ce propos donc, je me souviens d'une remarque très-juste qu'on a faite sur les œuvres de l'esprit : c'est que tout le talent qu'elles renferment ne suffit pas toujours, à lui seul, pour les faire vivre ; il faut encore que le sujet qu'elles traitent soit de ceux qui intéressent non-seulement la génération présente, mais encore celles qui la suivent. J'ajouterai que, si l'observation est vraie, elle doit l'être plus encore pour les œuvres de jurisprudence, qui voient le jour dans le champ clos de la controverse par excellence, où les opinions sont sans cesse obligées de renouveler leurs preuves, constamment battues par le flot des opinions divergentes, minées par le mouvement des faits sociaux, livrées à tous les assauts de l'intérêt et à tous les coups du libre examen. Si l'on en doute, les faits sont là : car nous ne manquons certes pas de jurisconsultes ; nous en avons eu de tout temps et en grand nombre. La France, disait Berryer, est le « pays des justiciers. » Mais combien ont survécu à leur temps ? Quels ont mérité au delà des honneurs du catalogue ? quels sont restés vivants, au sein

(1) *Essais*, liv. 2, ch. X. Des livres.

dé la vaste nécropole bibliographique? En vérité, bien peu. C'est que leur œuvre ne pouvait leur survivre que par le grain de philosophie qu'ils y auraient déposé. Tant pis pour ceux qui n'y ont pas songé! Ils ont joui du présent, à qui ils avaient tout sacrifié, mais l'avenir leur échappe. La longue durée a été pour ceux qui s'étaient faits les représentants d'une idée impérissable dont la grandeur les a soutenus : tels Dumoulin, Cujas, Domat, Pothier....

Dumoulin! le plus grand de tous peut-être, si l'on pèse ensemble l'immensité du savoir, la vigueur de l'esprit, les vicissitudes de la vie (1), l'énergie du caractère et la fermeté de la conscience. Il a ouvert, parcouru et rendu accessibles les labyrinthes les plus inextricables de la jurisprudence. Il a réuni autour de sa chaire des flots d'auditeurs (2) et alimenté de ses livres des milliers de disciples. Mais quoi! sa voix est muette depuis trois siècles; la plupart de ses doctrines

(1) Lui-même en fait le récit émouvant, sous l'art. 95 de la Coutume de Paris. On peut voir aussi sa vie par Brodeau, en tête de l'édition de 1681.

(2) « Advenerat autem fama nominis mei copiosa multitudo, ita ut plenis civium domibus, cogerentur in tabernis et hospitiis loca conducere. » (Sur l'art. 95 de la Coutume de Paris.)

sont devenues sans application pour la pratique ; ses malheurs sont oubliés ; ses auditeurs et ses disciples l'ont suivi dans la tombe... Quels sont donc ses témoins auprès de la postérité ? quelle puissance mystérieuse assure à jamais l'immortalité de son nom ? C'est qu'il s'est constitué l'avocat d'une grande et patriotique idée ;. c'est que, tant que la France existera, elle devra bénir en sa personne le véritable créateur de notre droit national. Avant lui, ce droit n'était rien. Né de l'usage, à demi formé, incertain, obscur, divers et ondoyant, exprimé dans des rédactions incultes et grossières, il ne trouvait, si j'ose le dire, ni dans sa naissance ni dans son habit, rien qui pût le recommander. Le droit romain, au contraire, formulé dans une langue savante et forte, apparaissait dans toute sa majesté, et, rencontrant comme auxiliaire la ferveur de l'Europe pour l'antiquité, il avait pour lui tout ce qui fascine l'esprit des hommes. Comment donc ce redoutable voisinage n'a-t-il pas étouffé la plante naissante ? C'est que Dumoulin, jugeant la situation en citoyen et non en artiste, a jeté dans cette balance inégale le poids de son génie. « Notre droit commun, dit-il, c'est notre coutume (1) ; le

(1) *Commentaire de la Coutume de Paris*, tit. Ier, des Fiefs, n° 109.

droit romain n'a pas plus de pouvoir sur nous que n'en a eu Justinien (1). » Sous l'inspiration de cette pensée, il repousse le rôle de propagateur du droit romain pour se faire l'interprète du droit coutumier (2). Il le prend à sa source, le recueille, le dirige et l'enrichit d'affluents si nombreux qu'il ne peut bientôt plus tenir dans le lit qu'il lui avait préparé (3). Singulière et féconde époque qui voyait en même temps Montaigne, enfermé dans sa *librairie* (4), travaillant à créer notre langue, et Dumoulin, dans sa *boulangerie* (5), façonnant le droit nouveau sur ce qu'il appelle, dans son langage encore indigeste, les deux meules de la science et de la critique (6). La *librairie* de Montaigne et la *boulan-*

(1) *Commentaire de la Cout. de Paris,* tit. Ier, des Fiefs, n° 110.

(2) *Comment. de la Cout. de Paris*, à la fin de la première partie. Sur l'art. 72.

« Non enim recitatorem decisionum juris scripti, sed consuetudinarii juris interpretem sum professus. »

(3) *Loc. cit.*

« Ut jam non uno alveo (quod in initio hujus operis conceperam) contineri potuerint. »

(4) On sait que tel est le nom qu'il donnait à son cabinet de travail, dont il nous a décrit le plan et les charmes. *Essais,* liv. 3, ch. 3.

(5) *Pistrinum.* Voy. la note suivante.

(6) *Comment. de la Cout. de Paris*, tit. 2, § 64, gl. 1, v° Arrest ou brandon, n° 48.

« Hæ duæ molæ semper comites fuerunt (inventio et critica)

gerie de Dumoulin, obscurs berceaux de deux enfants immortels!

Comme Dumoulin, Cujas commence à s'éloigner
de nous. D'ailleurs, même de son temps, il regardait déjà vers le passé, tandis que Dumoulin travaillait pour l'avenir. Cependant la gloire du célèbre romaniste n'est pas moins vivante que celle du
commentateur des Coutumes. C'est que Cujas se
montra créateur par la méthode, comme Dumoulin
l'était par les doctrines. En étudiant le droit romain, il sut y voir ce que personne n'avait encore
aperçu. Non content d'apprendre, d'expliquer, de
commenter ce qui nous restait de cette législation
admirable, il comprit que derrière cet ensemble de
textes, réunis dans un même livre et formant
comme un rideau placé entre le présent et le passé,
il y avait des âges et des acteurs divers dont la
physionomie historique disparaissait dans cette
juxtaposition factice. Il entreprit alors de reconsti-
tuer l'œuvre originale des jurisconsultes les plus
célèbres, dont les fragments étaient dispersés dans
les livres de l'antiquité, et de restaurer, par un tra-

et simul in hoc indefesso mihique nimis infelici pistrino stu-
diorum, in quo magno et continuo census, nonnunquam etiam
valetudinis damno, adusque versatus sum. »

vail de véritable et savante archéologie, les diverses phases de la jurisprudence romaine. Dans notre siècle de sciences naturelles, on a vu l'immortel Cuvier, mis en présence de quelques ossements, recomposer avec un art et une sûreté admirables le corps entier et la conformation des fossiles auxquels ils avaient appartenu. Ce miracle de l'anatomie comparée, Cujas, en son temps, l'a réalisé pour le droit romain : il a été le Cuvier de la jurisprudence. Aussi que de solutions nouvelles, que d'explications naturelles et lumineuses il a fait jaillir de ces textes sur lesquels l'interprétation paraissait à bout, et qu'il semblait découvrir pour la première fois (1)! Et comme on lui demandait le secret de ces résultats merveilleux : « Je me sers, disait-il, d'un hameçon d'or pour arracher au droit civil ses trésors cachés et les produire à la lumière; ce talisman, c'est l'histoire (2). » Il est resté pour la postérité le véritable fondateur de l'école historique.

(1) Leickeirus, *Vitæ clarissim. jurisconsultorum*, p. 265.
« Juris romani radices tanta cura effossas in lucem protulit, ut cæteri ante ignorasse illas, ipse solus post multos et quæsivisse diligentius et penitius invenisse videatur. »
(2) Leickeirus, *loc. cit.*, p. 272.
Eaque (historiæ notitia) ut hamo aureo piscari se in jure

De Cujas à Domat, il n'y a qu'un siècle de distance; mais c'est le siècle de Descartes et du *Discours sur la méthode*. Domat n'est donc ni commentateur ni historien; c'est un philosophe, l'ami de
Port-Royal, le confident de Pascal, dont il a reçu
le dernier soupir. Son premier besoin, en toute
occasion, est de remonter aux principes des choses.
« Comme il n'y a rien, dit-il, de plus nécessaire
dans les sciences que d'en posséder les premiers
principes, et qu'en chacune on commence par établir les siens, et par y donner le jour qui met en
vue leur vérité et leur certitude, pour servir de
fondement à tout le détail qui doit en dépendre, il
est important de considérer quels sont ceux des
lois, pour connaître quelles sont la nature et la
fermeté des règles qui en dépendent (1). » Alors
on voit se dérouler, dans une suite de déductions
fortement enchaînées, ce système qui fait reposer
le monde entier sur une loi fondamentale, *l'amour
et la recherche du souverain bien*, c'est-à-dire de
Dieu (2), laquelle engendre entre tous les hommes

civili et abdita scrutari trahereque e tenebris in apertam lucem
testabatur. »

(1) *Traité des Lois*, ch. I, n° 2.
(2) Ch. I, n° 3.

la loi de l'*amour mutuel* (1), qui devient à son tour le centre autour duquel viennent rayonner toutes *les liaisons* qui se forment sur la terre : liaisons générales et communes à tous, comme les sociétés (2), ou liaisons particulières, comme celles qui dérivent du mariage, de la naissance, des parentés, des alliances (3) ou des divers engagements de la vie (4). De sorte que les lois humaines, semblables à des rouages secondaires dans un grand mécanisme, n'ont plus qu'à venir combiner leur action avec celle de ces moteurs souverains, en se rattachant au faisceau général comme la conséquence se subordonne à son principe (5).

Il y aurait, sans doute, beaucoup à dire aujourd'hui sur les détails de cette conception qui faisait l'admiration de d'Aguesseau ; car la confusion de la théologie et de la jurisprudence qui lui sert de base n'est pas le point de vue qui a prévalu. Mais si les éléments du système sont discutables, l'idée d'associer des lois civiles à la vie générale de l'humanité a survécu ; il suffit à la gloire de Domat de

(1) *Traité des Lois*, ch. I, n° 7.
(2) Ch. II, n° 3.
(3) Ch. III.
(4) Ch. IV.
(5) Ch. XI, n°s 6 et 12.

l'avoir indiquée. Bien ou mal résolu, le problème a été posé, et de l'erreur même il est sorti plus d'une vérité qui a produit ses fruits. C'est quelque chose d'avoir écrit, cinquante ans avant l'*Esprit des Lois :* « La justice universelle de toutes les lois consiste dans leur rapport à l'ordre de la société dont elles sont les règles (1). » Car rattacher la justice des lois à des rapports qui dépassent le pouvoir de l'homme, c'était, en quelques mots, les arracher à l'arbitraire et au caprice des législateurs. A cette pensée, Montesquieu ajoutera ses développements, ses applications, son style étincelant ; mais le véritable précurseur de la philosophie du droit positif, ce sera toujours Domat.

Enfin, à ces trois noms la science reconnaissante a associé celui de Pothier, qui leur est inférieur par le génie, mais non pour les services rendus. Dumoulin, en effet, avait posé les bases du droit français, Cujas découvert celles du droit romain, Domat esquissé la théorie du droit universel. Ces grands esprits avaient alors épuisé les ressources, l'un de la dialectique, l'autre de l'histoire, le troisième de la philosophie. Pour le moment, la législation civile semblait avoir dit son dernier mot. Mais

(1) *Traité des Lois*, ch. XI, n° 20.

la science de l'homme est, comme sa sagesse, toujours courte par quelque endroit. En se déployant
dans toute sa puissance avec Cujas et Dumoulin,
elle avait emporté dans son cours toutes sortes
d'éléments parasites. Pour arriver jusqu'aux vraies
doctrines, on avait raisonné sans fin, entassé disputes sur disputes, multiplié les thèses, répété les
arguments, accumulé les preuves, et tout confondu
dans un véritable chaos d'érudition philologique,
historique et théologique. Sous la plume de Domat,
au contraire, la jurisprudence avait pris un tout
autre aspect ; en se débarrassant de tout fatras d'é-
rudition, elle était devenue sèche et tranchante
comme une formule d'algèbre. En sorte que la
science du droit, ou trop exubérante, ou trop condensée, avait du mal à pénétrer jusqu'aux couches
inférieures du monde judiciaire.

Alors paraît un esprit net, précis, infatigable au
travail, pas assez élevé pour se complaire dans les
régions transcendantes, mais assez ouvert pour
tout comprendre ; ami des idées moyennes, sachant s'assimiler les doctrines des maîtres, en supprimer les parties abruptes, et les présenter sous
leur côté facilement accessible ; écrivain lumineux,
discutant peu, montrant les choses plutôt qu'il ne

les démontre, mais les faisant voir avec tant de clarté que tout le monde les aperçoit ; cœur honnête, âme candide, esprit droit et sincère : tel est Pothier, l'auteur populaire qui, en élevant la vulgarisation des doctrines à la hauteur d'une science, s'est placé à côté des maîtres, un peu au-dessous, mais le premier du second cycle.

L'œuvre de ces grands jurisconsultes est donc, je le répète, complexe et mélangée. Dans le but d'éclairer la pratique de leur époque, ils ont dû s'occuper des questions de la jurisprudence contemporaine : c'est là ce que le temps a emporté. Mais à côté de cette partie fragile et transitoire, ils avaient placé une idée immortelle, et c'est elle qui demeure comme un flambeau dont la lumière continue à éclairer le monde. La science, dont le patrimoine est enrichi par leurs mains, les récompense de leur labeur par une reconnaissance persévérante et un culte toujours fidèle. C'est pourquoi je me persuade qu'elle conservera aussi la mémoire de M. Troplong, parce que, dans la mesure exigée par les besoins de son temps, il s'est montré leur émule : l'émule de Dumoulin, dans sa défense du Code civil ; de Cujas, dans sa méthode ; de Domat, par ses vues philosophiques ; de Pothier, par ses efforts pour la propagation de la science du droit.

Sa défense du Code civil nous est connue. Un écrivain contemporain, parlant du second Empire, a dit de M. Troplong qu'il en avait été le Portalis, *moins le Code civil* (1). C'est là le langage de la polémique, superficiel et passager comme elle. A proprement parler, le Code civil n'est l'œuvre ni de Portalis ni d'aucun autre ; il est l'œuvre de tout le monde. Il a été la victoire très-disputée de la France moderne sur la France ancienne. Mais l'histoire, lorsqu'elle aura succédé à la chronique, dira de cette conquête que, si M. Portalis nous a aidé à la faire, M. Troplong nous a aidé à la conserver. Car le Droit français, dans sa formule dernière, a été attaqué avec autant de vivacité que l'avaient jadis été les Coutumes, cette première

(1) M. Taxile Delord, *Histoire du second Empire*, t. I, p. 446. Quelques lignes plus haut, le même auteur écrit que M. Troplong avait été « nommé, le 22 février 1848, président de la Cour royale par Louis-Philippe ». En lui-même le fait est assez insignifiant ; cependant, puisqu'on en voulait faire une épigramme mordante, la moindre chose eût peut-être été de le vérifier. On eût pu voir alors que M. Troplong avait été nommé premier président de la Cour de Paris par décret du Président de la République du 22 décembre, inséré au *Moniteur* du 23, ce qui dans l'ordre des idées de l'écrivain n'est pas tout à fait la même chose. Mais s'il fallait être exact, on n'en finirait pas.

expression du droit national. A l'exemple de Dumoulin, M. Troplong a élevé la voix pour le défendre. Dans une série de discussions fortes, vives, répétées, il a mis en relief les principes qui lui servent de base, prouvé sa fidélité au principe démocratique qui s'est emparé de la scène moderne, en même temps que son respect pour les traditions respectables, montré enfin son côté libéral, équitable, humain. Par là, il a fait pénétrer dans les esprits cette idée que le Code civil était vraiment l'expression la plus heureuse de la loi qui convenait à nos mœurs, à notre société, à l'état de notre civilisation ; il a fourni ainsi à ses adversaires l'occasion de lui en vouloir moins, et à ses adhérents de nouvelles raisons de l'aimer davantage. Il lui a gagné des amis de tous les côtés.

Aussi qu'est-il arrivé? C'est que notre cher et volage pays, dont la constance est le moindre défaut, a senti peu à peu se développer en lui un amour très-sincère pour sa loi civile. On s'est passionné pour le maintien du Code, comme on l'a fait tant de fois pour le renversement de tout le reste. Ce respect que M. Royer-Collard nous accusait, non sans raison, d'avoir perdu, s'est retrouvé tout entier autour du Code civil pour lui servir de rempart contre toutes les atteintes. Ce sentiment fut poussé à tel point que plus d'une modification, même parmi celles qui pouvaient être regardées comme heureuses, a été arrêtée par ce cri poussé avec effroi : « Ne touchez pas au Code civil! » C'était, suivant une expression piquante, « une tête de Méduse avec laquelle on terrifiait les novateurs (1). »

Ne le regrettons pas. Même avec un peu d'exagération, c'est là un bon et utile sentiment. On sait assez, sans toujours s'en souvenir, que le changement n'est pas nécessairement le progrès, et que les lois n'ont pas de pire ennemie que l'instabilité. Montaigne a sagement dit : « Il y a grand doubte s'il se peut trouver si évident proufit au changement d'une loy receue, telle qu'elle soit, qu'il y a de mal à la remuer : d'autant qu'une police, c'est comme un bastiment de diverses pieces joinctes ensemble d'une telle liaison qu'il est impossible d'en esbranler une que tout le corps ne s'en sente (2). » Il est vrai que ces maximes de l'expérience sont rarement pratiquées; mais enfin le Code Napoléon en a profité, et j'en fais, pour ma

(1) M. Persil, discours à la chambre des pairs, sur l'art. 717 du Code de procédure, 25 avril 1840, *Moniteur* du 26.

(2) *Essais*, liv. 1er, ch. 22

part, hautement honneur à M. Troplong. Je ne prétends pas, Dieu m'en garde! qu'il ait été le seul à proclamer le mérite de la loi nouvelle; et il serait malheureux qu'une loi comme le Code Napoléon en fût réduite à un seul défenseur; mais je dis que M. Troplong a été le premier à la défendre comme elle voulait être défendue, — le premier par la date et le premier par le talent.

Le mérite de sa méthode n'est pas moins éclatant. Parti du même point que Cujas, il est allé bien au delà; il a continué jusqu'à nous le travail commencé, et, en le continuant, il en a fait sortir des richesses inconnues à son illustre devancier. Cujas, en effet, n'avait fait servir l'histoire qu'à l'explication du droit romain; il avait admirablement montré comment on peut arriver à replacer le tableau d'une législation dans son cadre naturel, mais il n'avait appliqué son procédé qu'à une seule partie de la jurisprudence. M. Troplong, venant à son tour, a d'abord complété ces travaux en les prolongeant sur les législations postérieures; mais ce qui lui appartient surtout, c'est d'avoir donné un but pratique à ces recherches d'érudition. La connaissance approfondie des législations passées l'a naturellement conduit à les comparer; en les comparant, il a pu saisir les conditions générales de leurs variations et de leur durée ; enfin, il s'est appliqué à transporter ces résultats de l'observation dans le commentaire et l'application de nos lois actuelles. Portalis, parlant en législateur, disait : « Interrogeons l'histoire ; elle est la physique expérimentale de la législation (1). » M. Troplong, procédant en jurisconsulte, a su faire de l'histoire la physique expérimentale de la jurisprudence.

En même temps la philosophie du droit trouvait également en lui un adepte fidèle. Sur ce chapitre, assurément, ce n'est pas de nos jours qu'il peut être question de découvertes. C'est ici surtout que le mot de La Bruyère est tout à fait exact : « Tout est dit, et l'on vient trop tard depuis plus de sept mille ans qu'il y a des hommes, et qui pensent. » L'harmonie nécessaire et progressive de la loi positive et de la loi morale est une de ces grandes vérités que les générations se transmettent comme un héritage inaliénable. Mais ce qui reste toujours à faire ou à recommencer, c'est de consommer ce rapprochement, de l'infiltrer dans le détail des lois et de le faire prévaloir dans la pratique. Ainsi

(1) Exposé général du système du Code civil, séance du Corps législatif du 3 frimaire an X. (Locré, t. I, p. 324.)

ont fait autrefois les jurisconsultes romains pour la jurisprudence de l'antiquité, ainsi a fait Domat pour son temps, ainsi M. Troplong pour le nôtre. Et qu'on n'aille pas croire d'ailleurs que, pour être analogue, ce travail soit une sorte de reproduction périodique ; ce serait méconnaître toutes les différences qui en font l'utilité et la grandeur. Quand les jurisconsultes romains cherchaient à faire passer dans les lois positives les enseignements de cette loi tacite qu'ils plaçaient dans la raison naturelle (1), ils prenaient pour type de la vérité la philosophie stoïcienne, la plus noble, il est vrai, des doctrines de l'antiquité, mais que le christianisme a laissée loin derrière lui sous le rapport de la charité et de l'humanité. Domat, de son côté, pense et écrit sous l'empire du christianisme, mais d'un christianisme *extrême* (2), renforcé de ce stoïcisme moderne qu'on a appelé le jansénisme. Après lui, il restait encore à prendre simplement pour guide la morale de l'Évangile telle que l'ont faite

(1) Ratio naturalis, quasi lex quædam tacita (Paul, Dig. De bonis damnat., l. 7.)

(2) C'est le mot de Bossuet, parlant de ces « docteurs non moins extrêmes, qui ont tenu les consciences captives sous des rigueurs très-injustes, qui ne peuvent supporter aucune faiblesse, qui traînent toujours l'enfer après eux et ne fulminent que des anathèmes. »

dix-huit siècles de pratique, à travers la barbarie
des premiers temps, la théocratie du moyen âge, la
Réforme, les guerres de religion, les disputes de
Sorbonne, le scepticisme du XVIII° siècle et la Révolution française. C'est ce qu'a fait M. Troplong.
Dans l'histoire de la philosophie du droit son travail est une date.

Enfin, à l'exemple de Pothier, il voulut aussi
prendre rang parmi les vulgarisateurs de la science
du droit. Et ici encore, s'il poursuit le même but,
c'est par des voies différentes. Pothier avait vulga-
risé en simplifiant ; comme l'abeille, il avait extrait
le suc des travaux qui l'avaient précédé et ne nous
en avait donné que le miel. Puis les auteurs du
Code civil, simplifiant Pothier lui-même, en étaient
arrivés à ces formules dernières qui sont comme la
substance condensée de toute la jurisprudence. La
marche naturelle des choses avait ainsi conduit la
science de l'expansion extrême à l'extrême concen-
tration. Or, M. Troplong suivit précisément la
marche inverse. Remontant de la formule moderne
à ses antécédents, il a accumulé à côté de ces
axiomes, fruit d'une forte et longue synthèse,
toutes les richesses d'une analyse abondante ; et,
grâce à lui, les jurisconsultes de tous les temps,

un moment voilés par le passage de Pothier, nous sont réapparus en personne, dans toute leur grandeur, groupés autour de ce Code dont ils avaient préparé les premiers matériaux.

Telle est l'œuvre de M. Troplong considérée dans ses éléments purement scientifiques. Dirai-je maintenant qu'il y a dans cette œuvre quelque chose qui vaut mieux encore que la science elle-même? Ce quelque chose, c'est l'amour de l'étude, ce goût des plaisirs de l'esprit, cette volupté de la pensée qui cherche la vérité avec passion, s'enchante de ses découvertes et les défend avec une chaleur entraînante; c'est aussi ce sentiment vif de toutes les belles choses dont le souffle circule au sein des discussions les plus arides; qui s'enthousiasme pour le travail, pour la vertu, pour l'honneur; qui, sur le théâtre du droit privé, trop souvent témoin de la cupidité et de l'égoïsme, se plaît à relever les âmes, à glorifier les nobles mobiles et à aiguillonner les généreux instincts, en leur répétant sans cesse : « L'homme ne travaille pas seulement pour l'argent; il travaille aussi pour la gloire, pour la patrie, pour l'humanité (1). »

Cette gloire, M. Troplong l'a connue lui-même;

(1) *Contrat de louage,* n° 807.

il en a été investi. Il a vu, pendant près de quarante années, ses ouvrages dans toutes les mains, leur autorité universellement reconnue, leur mérite proclamé par tous les suffrages. Ce n'est pas, on le sait bien, que les attaques aient manqué à son œuvre; ce n'est pas même, je n'hésite nullement à le dire, que toutes aient été mal fondées. Il est impossible que des travaux aussi vastes ne présentent pas plus d'un côté vulnérable. On voudra peut-être bien croire que moi-même, après l'étude que je viens d'en faire, je ne serais pas embarrassé pour en signaler quelques-uns. Mais qu'importent vraiment ces imperfections de détail, inséparables de toute œuvre humaine? Ce sont des taches légères qui se perdent dans la grandeur de l'ensemble. On a fait des livres entiers contre Cujas et ses contradictions (1), et ces diatribes seraient depuis longtemps tombées dans le néant si, comme la mousse qui s'attache au pied des grands monuments, elles ne nous étaient parvenues à l'ombre de Cujas lui-même. M. Troplong a donc vu, lui aussi, des critiques ardentes dirigées contre son œuvre, mais aucune ne l'a ébranlée : elle est restée

(1) Notamment Mérille, professeur de droit à Bourges : *Variantes Cujacii interpretationes*, Paris, 1631.

solide dans ses lignes principales, montrant ainsi
qu'elle renferme un principe de vitalité qui l'as-
socie au travail incessant des esprits et la main-
tient pour longtemps au niveau de leurs nouvelles
conquêtes. C'est pourquoi l'opinion publique, qui
n'est pas longtemps injuste, émerveillée de ces témoignages répétés d'un talent qui grandissait sans
cesse, étouffa sous une admiration durable les
souvenirs d'une critique passagère. Il y a déjà
vingt-cinq ans, un homme qui ne prodiguait pas
vainement ses éloges, M. Marcadé, proclamait
M. Troplong « le géant des interprètes du
Code (1) » ; et naguère encore, un magistrat
illustre, qui se connaît en talent, a pu l'appeler,
en sa présence et sans flatterie, « le premier
jurisconsulte des temps modernes (2) ».

Je suis convaincu, pour mon compte, que ces
jugements contemporains seront confirmés par
l'histoire. Non sans doute que l'œuvre de M. Troplong soit destinée à lui survivre tout entière : il y
aurait quelque illusion à le penser. La jurisprudence, je le répète, est une science qui marche.

(1) *Explication du Code civil*, 1re édit., 1842, préface.
(2) M. le procureur général Delangle, discours d'installation
à la Cour de cassation, le 20 novembre 1865 (*Gazette des
Tribunaux* du 21).

Les lois changent, les intérêts se modifient, les points de vue se déplacent; les questions renaissent après qu'on les croyait tranchées; de nouvelles difficultés surgissent à côté de celles qui sont éteintes, sortant même quelquefois des solutions qui devaient tout finir. Le commentaire pratique d'une loi comme le Code Napoléon est un travail à refaire tous les trente ans. Celui de M. Troplong ne saurait être à l'abri de cette caducité inexorable. Il verra peu à peu, sous le poids du temps, vieillir et se détacher plus d'une partie qui en fait aujourd'hui l'ornement, comme le chêne, a dit Lamartine,

> Comme le chêne autour de soi
> Voit tomber ses feuilles fanées.

Mais l'arbre lui-même, quoique dépouillé de sa verte parure, reste debout, soutenu par ses puissantes racines. Le livre aussi vivra par ces grandes pages que la philosophie a touchées de sa marque ineffaçable; par ces parties historiques qu'on ne fera plus, parce qu'on ne pourrait les mieux faire; par cette méthode, enfin, qu'on devra aller lui emprunter pour le surpasser. M. Troplong aura cette gloire qu'il faudra lui dérober ses armes pour le vaincre. On a raconté que, dans ses derniers jours, voyant venir la mort avec sérénité, il se plaisait à distraire sa famille alarmée par le souvenir de quelques citations latines qui lui étaient familières, comme pour faire croire à la santé du corps par la netteté de l'esprit. Il avait le droit de consoler aussi son âme en se rappelant le mot d'un poëte qu'il avait aimé :

> Non omnis moriar; multaque pars mei
> Vitabit Libitinam!...

car il restera pour l'histoire *le jurisconsulte du XIXe siècle*, comme Dumoulin, Cujas, Domat et Pothier, dont il a continué la glorieuse lignée, sont les jurisconsultes des trois siècles qui l'ont précédé.

FIN.

TABLE DES MATIÈRES

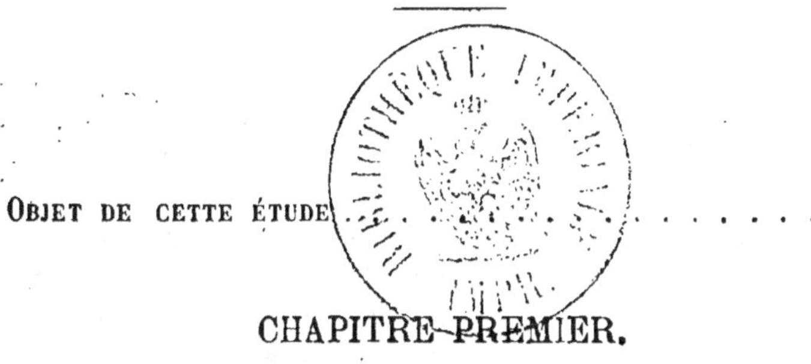

CHAPITRE III.

CHAPITRE IV.

CHAPITRE VII.

Paris. — Imprimerie JOUAUST, rue Saint Honoré, 338.

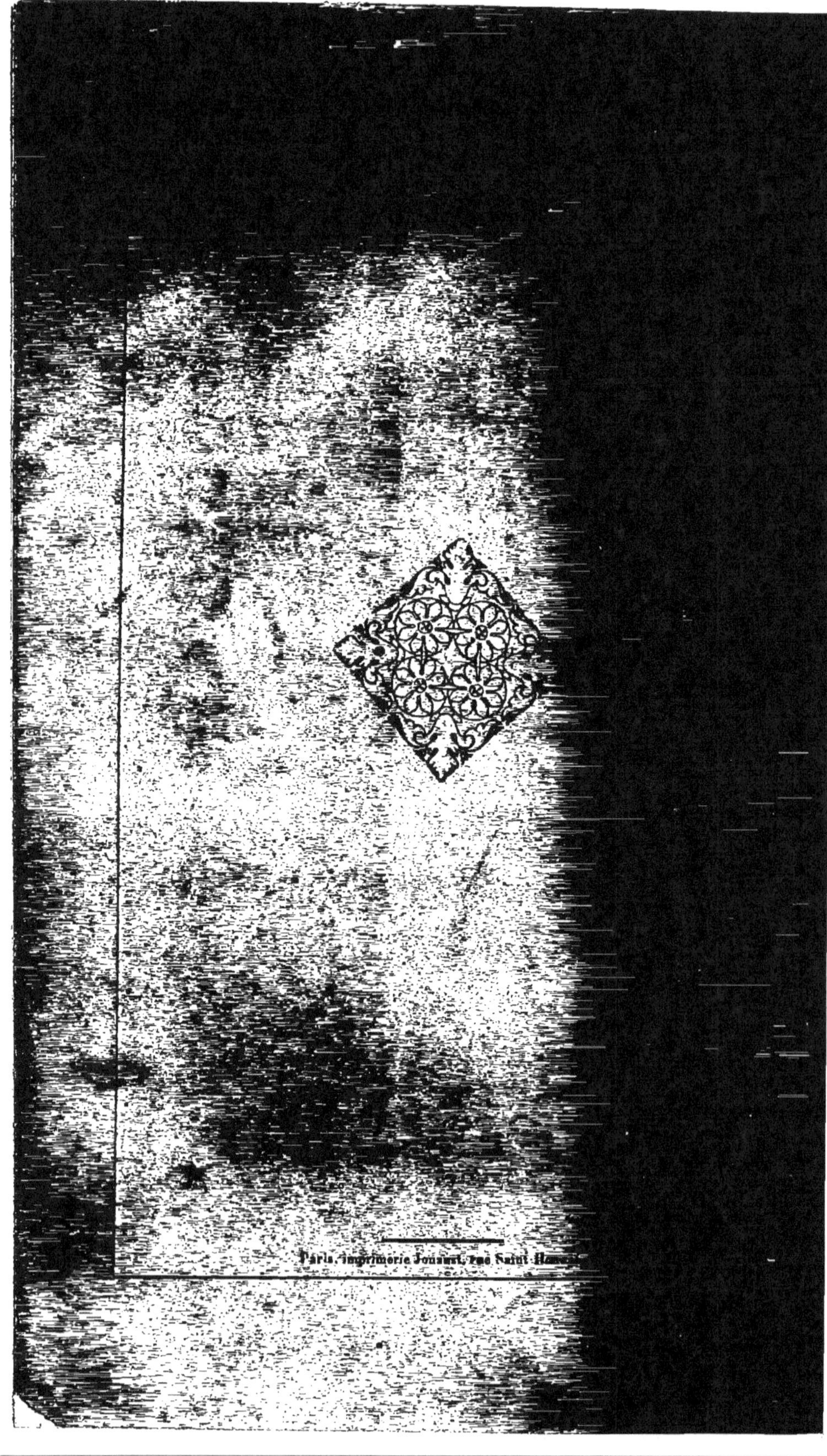
Paris, imprimerie Jouaust, rue Saint-Hon...